财富的真实内涵是什么？

如何进行有效的财富管理？

跨越三百年经济史，凝聚宏观对冲核心智慧：

《财富论》向您展示全球最前沿&最经典的财富管理技术！

董鹏飞☆著

财富论

——耗散经济学原理

中国财政经济出版社

图书在版编目（CIP）数据

财富论——耗散经济学原理/董鹏飞著．—北京：中国财政经济出版社，2011.1

ISBN 978－7－5095－2658－3

Ⅰ.①财… Ⅱ.①董… Ⅲ.①经济学－研究 Ⅳ.①F0

中国版本图书馆 CIP 数据核字（2010）第 243498 号

责任编辑：林治滨　　责任校对：李　丽

封面设计：孙俪铭　　版式设计：董生萍

中国财政经济出版社出版

URL：http：//www.cfeph.cn

E－mail：cfeph@cfeph.cn

社址：北京市海淀区阜成路甲 28 号　邮政编码：100142

发行处电话：88190406　财经书店电话：64033436

北京财经印刷厂印刷　　各地新华书店经销

787×960 毫米　16 开　21 印张　168 000 字

2011 年 1 月第 1 版　2011 年 1 月北京第 1 次印刷

定价：29.80 元

ISBN 978－7－5095－2658－3/F·2260

（图书出现印装问题，本社负责调换）

本社质量投诉电话：010－88190744

内容简介

对于财富的形成机制、演化过程及其管理技术的探索是人类过去三百年来始终致力研究的课题，本书是在承继经济分析先贤研究成果的基础上，引入具有广泛解释力的现代热力学模型，依托资产管理领域的实践经验与学术积累，对该课题展开的一次深度分析与研究。

本书按照经济发展的脉络布局整体框架，各个篇章重点对不同时期的支柱产业或经济主体进行了系统性的分析、归纳和演绎；书中内容详尽展示了不同时期人们对财富内涵的观察记录、归纳结论，这些经典性的案例或观点，对今天的我们依然可以产生强有力的启发与引导。

在展示财富形成、发展与演变机制的基础上，本书有序引入了宏观对冲领域中的众多原创性的思考与探索，它们包括："耗散结构"、"热力学耦合"、"熵"以及"混沌"等思考哲学与学科内容；理解和把握这些内容，对于人们全面理解财富的内涵，真正领会最前沿的财富管理技术，有着重要的现实意义。

本书对物理模型的分析与运用，并不影响该书广泛的读者适用性。对于财富管理概念较为陌生的年轻人，本书是您开启“财商”的最佳读物；对于财富的拥有者，本书是您实现自身资产增值的良师益友；对于资产管理领域的核心决策人员，本书是您工作实践中的适手工具。

自　　序

数学，包括几何图表分析，是人类思维的一种准确而优雅的表达，但它目前的发展状态尚不能完全替代人类多维且细腻的思考过程。

为了摆脱数学工具对人们在经济学理论思考上的负面引导，同时也是为了展示一个真实的资本市场运行机制，本书放弃了传统经济学公式/图表为主的表述模式。

在具体分析过程中，本书注重对那些具有广泛解释能力的现代热力学模型，特别是耗散经济结构模型，及其思考哲学的应用和提升，以此来帮助人们理解资本市场真正的运行机制，从而实现对各类资产或财富的正确理解和有效管理。

但这并不意味着本书对严谨和优雅的数学推导公式的偏见或放弃，而是希望在投资决策过程中规避基于EXCEL等软件上的各类估值模型间的复杂且易错的计算过程。最终，当我们能够成功运用耗散经济学原理，并结合投资领域内的实战经验，以最有效和最具解释力的模式，去分析那些曾经感到复杂和无序的资本市场的时刻，就是本书市场价值的实现之时。

财富论

目　录

宗教改革与早期资本市场 / 1
分工、交换基准与货币的耗散特性 / 9
贵金属与矿藏的原初估值及其揭示出的问题 / 21
资本市场三类主要参与者的性质及其相互作用 / 33
贵金属货币与非平衡宏观经济体系 / 47
制造业所引出的资本市场扩张问题 / 61
关于水、钻石（金刚石）及房地产的资产估值问题 / 73
货币体系中的利率内涵 / 89
农耕技术与土地的经济地租 / 103

自然资源类资产与人口增长 / 119
外部约束与耗散经济体系的三类财富 / 135
刘易斯拐点与宏观经济体系的相变 / 155
耗散经济体系间的合作、竞争与财富创造 / 173
货币、利率及产出分配问题 / 185
经济投机泡沫、大萧条中的耗散结构分析 / 199
商业运行周期与非线性耗散结构的开放特性 / 239
利率、资本边际回报与通货膨胀 / 269
主要投资标的耗散结构特性及投资原则 / 291
后记 / 326

财富论

宗教改革与早期资本市场

在阐述资本市场运行机制之前，我们先来理解一下这个外观精密的体系的内核，或者也可以称作是该机制的早期基因。

资本市场的理性主义，在很大程度上取决于近代西方人的思维和气质，而这种精神层面的构架又基本上与宗教的作用关系紧密。

早期的西方社会调查数据表明，经济主体中的中高级管理及技术人员，他们当中的大多数是新教徒，而天主教徒的社会地位则相对弱势；这表明在资本经济自发选择西方的过程中，新教伦理曾产生了奇特的适应性，这种适应性曾有着较持久的生命力。

回顾宗教改革，新教教义更加注重世俗生活，鼓励人们劳作，其本质并非是减弱自身对社会生活的控制，而是希望能以一种更有利于经济发展的方式存在，这自然为亲善天主教、专修来世的贵族势力所不容。

这种激烈的宗教冲突，是人对自身与社会关系的不断深化理解的过程。其中，在如何以理性的方式建立社会组织方面，天主教则从未能像新教那样，丢弃手中握有的通向来世或永生的魔杖。

天主教徒认为教会是可以为世人带来赎罪的机会，是可以补偿人们自身不完善的，因此可以帮助人们从紧张的状态中解脱出来。这是一种富于人性的心理循环，人们可以在罪恶—忏悔—赎罪—救赎—新的罪恶循环过程中找到平衡。

而在新教教徒中，以加尔文宗为例，教义要求人们应坚持一辈子的善行，并应结成一个完整的体系，这样人们的道德行为便脱离了无序或缺乏系统性的状态，其全部行为则拥有了一致性或有序性。这样人们生活的目的就是获得最终的拯救，并追求彻底的理性化。

在加尔文教的职业概念中，宣扬诚信、勤劳、积极、理性以及合法地赚取财富，这种精神提倡世俗禁欲主义，即反对人们为了享乐而挥霍财富，但同时又倡导在世俗中的劳动来增加上帝荣耀。在胞爱观念中，加尔文教指出上帝要求基督徒投入到共同体活动中，从而使生活的社会组织按照他的意志来安排，因此也能增加他的荣耀①。

从当时的社会环境来看，上述内容对资本经济的发展是有着积极的推动作用的，一个重要结果就是，它使得自由劳动成为资本主义理性的组织方式，这包括两点：第一，劳动者是自由的人；第二，劳动者可以自由地选择为谁劳动。自由劳动组织方式是资本市场经济发展的核心推动力，其“为理性组织利益服务”的基本原则，就是在这一经济环境中孕育而生的。

① 本章涉及宗教改革内容借鉴马克斯·韦伯著，陈平译：《新教伦理与资本主义精神》，陕西师范大学出版社2007年版。

资本市场对需求极度敏感，任何一个市场成分想要实现生存和发展，就要利用各种机会来理性地获取财富，而新教伦理中的一致性原则、胞爱教义使得这一市场运作机制得以系统性地演化与发展，并形成了一个严密的系统。这个系统推动“劳动分工”成为现代经济演化的前提，而“为理性组织利益服务”的原则使这类市场的构建和有机性的增长成为可能。

可以来看一下在资本市场运作机制中有着显著适应性的几个人物：较早的一个是富兰克林，较近的是沃伦·巴菲特和查理·芒格。从他们对职业、生活和财富的态度上，我们可以体会新教教义，体会其从圣殿走出后，走向世俗生活的过程以及其颇为建设性的意义：我们所赖以生存的这个如此精密的宇宙，它最终是为人服务的。

为了更好地描述上述定性分析过程，本章提出如下模型来解释新教伦理在早期资本市场机制演化中的作用：

涉及宗教伦理的早期资本市场演化机制模型：$A+X \rightarrow Y+B \quad 2X+Y \rightarrow 3X$

其中，定义 X 为不断自然增长的家族财富，定义 Y 为家族的宗教文化气氛（新教类），A 则表示前一时期（T）的资本市场环境，B 则定义后一时期（$T+1$）的资本市场环境，上述模型反映了资本市场早期演化过程中的正反馈机制（参见图 1）。而涉及天主教类的市场演化机制模型可以定义为：$A + X \rightarrow Y + B \quad 2X + Y \rightarrow X$。这里尚不对 X 的真实含义作明确的定义。

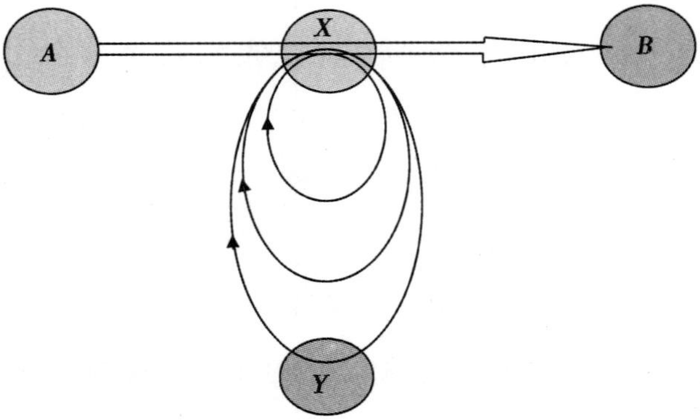

图 1　早期资本市场运行机制模型

西方的建筑学技术基础来自于东方，但其教堂所使用的哥特式拱顶分散压力的圆顶技术，是东方所不曾实现的，这正象征着贯穿并深远影响着一切的理性；而新教伦理为资本市场运行机制所产生的正是这种内核或基因作用，并拓展了后者的广度和深度。

但是，近一些年的市场运行过程，已暴露出这一体系存在着诸多的系统性问题，这些问题无法以自洽的方式给予解决。本书的写作目的就是要建立一个全新的分析模型，用以构建一种合理的有效的资本市场解释机制，来更好地展开资产管理业务的实践工作。

分工、交换基准与货币的耗散特性

在宗教改革解决了早期资本市场中的自由劳动问题后，下面我们来看一下自由分工与资本市场运行机制的关系。市场存在的前提是交换与分工，而分工则来自人们对自身能力或天赋的认识，或者也可以看做是人自然选择的结果。交换是在自利的前提下进行的，而持续的进程使分工的价值逐渐显现，它使得人们技能差异的重要性逐渐超过了天赋。

在人与人之间，通过专业分工、以货易货，使大家的技能或产品成为共同可以利用的财富，因此，每个人可以买到其他人生产的物品。但是，专业分工、物物交换，也带来了选择何种商品作为交换媒介的问题。

发展到了一定阶段，人们对交换媒介的选择是贵重金属，因为其稀缺、耐久和可分割的特性。在贵金属成为人们的主要交换媒介或是流通货币期间，最初使用的金属仅仅是条块，之后为了表明重量纯度加上了印标，后来则产生了铸币。当有几种金属充当铸币时，仅有被市场优先使用的那一种可以称为“本位”。从这一时刻起，一个值得明确的问题提出了，就是何为价值？

直观来看，物品有“使用价值”、“交换价值”。比如一瓶清洁的饮用水，它的使用功能对人是非常重要的，但它的交换价值在通常情况下非常低；又比如一块天然钻石，对于人们的日常生活并无直接功用，但它的交换价值却相对较高。

再来看一下人的贫穷或富有，这是由人所能支配或占有的必需品、便利品和奢侈品的数量来确定的，或者可以说是由人可以支配和控制他人的劳动量来确定的。因此，物品的交换价值，从实质上讲，就是它能为主人所规避的劳作、辛苦或痛苦等，或者也可以说是为了得到该物品，人们在特定时空下必须付出的标准劳动量，但是，应该注意的是，这个标准劳动量是一个动态演化的多维性质的数据指标。

在现实生活中，我们无法用确切的劳动量来实施交换，而只能使用其他商品作为参考基准，因此人们更自然地是使用其他商品的数量来描述某一物品的交换价值。因此，在交换价值的判断过程中，早期以贵重金属为基础的流通货币，其本身就是对标准劳动量，这一动态演化的多维性质的数据指标的替代，这种交换媒介以人们的众意为判断主体，具有很强的时空伸缩特性。

金银和其他商品一样，其交换价值也是波动的，常常取决于矿藏的稀有程度和开采加工的成本。但是，根据一定时空条件下的一个“标准人”的体力和智力，技能和天赋，自由和安逸，健康和年龄等多维度参数的大致范围，人们是可以通过连续进行的“大众投票”机制，通过货币媒介的频繁交换过程，来确定每件物品现时的交换价值的。

但是，空运、水运及陆路运输的技术提升，在动态扩展着标准人的空间范围，而税收、运输成本、在途风险等因素则在缩小着这个“标准人”的空间范畴。此外，储存技术、存货管理以及期货类交易等因素又在调整着“标准人”的时间范畴。

尽管劳动可以成为一切商品在任何时间和任何地方的交换价值的衡量标准，但“标准人”在定义上所具有的时空伸缩性，使得市场的交换行为从产生之初，就存在内在的强大的不确定性。这就提出一个重要的问题，就是对那些经常处在非标准状态中的交换者来讲，他如何能理解和明确这种即时状态下的交换价值，以及这种价值对他所具有的真实意义。

在早期资本市场中，任何人想获得收入，主要来源有三种，一是从自身的劳动中获得；二是由经营资本并从中获取利润；三是放贷而产生利息收入。下面我们先来看第一种情况，就是由劳动获得收入，或者是工资的情况。

如果一项工作需要很高的专业技

能、熟练程度或条件更为艰苦，则通常人们会给这种劳动以一定的报酬溢价。如果劳动直接属于劳动者，则工作产出品的交换价值就是可以用劳动量来直接确定的，这是一个线性数学计算过程。假设市场中所有的商品都可以用这种方式来估算交换价值，则资本市场的存在意义就仅仅是撮合成交。

但人类从进入私有制以来，土地和资金就成为人们可以用来激励他人去工作和努力的工具。这就引入了第二类的收入来源：经营资本并从中获取的利润。为更好地理解对依托雇主土地和资金的劳动产出品所进行的估值，让我们先来看一下地租的本质：

从经营土地来讲，最先耕种的土地通常是产出最丰厚的和交通最便利的，此类产出品的交换价值，可以用人们在该片土地上投入的劳动量以及相关的运输和销售中蕴涵的劳动量来估算；进一步，当肥沃土地的产出支撑着人们自身生产的较快扩张时，那些土壤质量较差、交通不便利的土地便被开发出来，随后相应的更多的劳动投入也就被增加了进来。

因此，产品的交换价值，最终应是由土地、机器或其他资本设备中，那些最后被使用的、且数量显著的那一部分产出的劳动量投入的均值来决定的。而那些因享有更好的土壤条件、先进的技术、便利的交通等，而获得竞争优势的产出品，其真实劳动的投入量少于前者。这类产出品的拥有者，就享有地租或类地租的经济利益。在这一环节，仍然保持在对标准劳动量的线性计算范围之内。

随着科技的改进，工艺的改良，在现代经济中，我们已很少能看到产品的交换价值主要是由劳动量构成的了，这是因为产品的交换价值中通常已经包含了类地租的各种利润成分。也正是因为这一点，我们置身其中的这个巨大的经济体，它的总产出，或者是它所能购买、占有或支配的劳动量，往往是这些产出品中真实被投入的劳动量的数倍或数十倍。

而这部分交换价值，或虚拟的劳动量，也正是资本市场运作机制可以如此淋漓尽致发挥作用的真实的物质基础。

先来看另外一个问题，就是财富如何分配的问题，或者是为了维持这个市场的运行机制的继续运行，参与其中的人们是如何对真实劳动量的交换价值进行估值的?

劳动的真实价格，就是给予劳动者生活必需品的真实数量。通常一个人总得靠工作来维持自已和家庭的生活，因此，即使是最初级的普通劳动，也应赚取超过维持其自身生存一倍的报酬，这样我们就可以构建特定时空条件下的一个“标准人”的基础工作量，以及其所对应的劳动报酬值。以此为基准，就可以根据劳动或职业本身的愉悦程度、职业技能学习的难易、工作的稳定与否、承担责任的多少或取得成功的可能性，来确定如何在基准上给予溢价。

值得注意的一点是：以这种方式给出的最高工资，通常不是在最富裕的国家中出现，而是在经济发展最快的国家内出现。这就提示我们去关注另外一个显著的社会现象：没有一个经济体会把其全部产出用来供给付出真实劳动量的人们，经济产出相当大的一部分是被一些并未投入劳动量的人们所消耗，或被作为资本投入到了新的一轮生产当中。

劳动分工会带来工作的改进，人们将不断会使用更少的劳动量来实现同样的产品制造。各种物品会变得越来越便宜，但是，总是会有一些东西由于各种原因的存在，例如，工艺改进的缓慢等，其交换价值表面上看起来会更贵一些，因为可以交换到比先前更多的其他类别产品，但它所代表的真实劳动量是在递减的。

因此，一个资本的所有者，如果在获取利润后选择了即时的消费，则这些消费品，包括必需品、耐用品和奢侈品，在后续存在过程中，其交换价值总体趋势必然是衰减的；而一个资本的所有者，在获取利润后选择了一般意义上的再投资，则其利润的交换价值就处在风险调整后的动态保值过程当中，其目的是尽可能地维持能够支配现有劳动量的能力。

但是，一个资本的所有者，如果在获取利润后选择了保留现金或现金等价物，这却是最有复杂意义的一个选择。

货币，这一代表一定时空条件下的劳动量的交换价值指标，其本质是一个“耗散结构”，这是因为它的形成和维持都依赖于劳动能量的消耗。

这是因为，工艺改进后的新产品，其交换价值将对现有产品形成持续不断的冲击，这使得现存的货币所对应的等价物被不断地更新；这种更新，不仅意味着旧产品上所附加上的劳动量的逐渐消逝，同时也意味新的产品中，新的劳动量的动态进入。

如果资本市场的交换机制不能有效地按照当前货币总量中所蕴涵的标准劳动量，对新产出品的有效劳动量、经济地租等因素给予合理和动态的估值，则市场中现存的货币总量，就必须被不断地钢性地增长，来承接这种估值无效性，这是一种类似人体组织中脂肪的形成过程，是一种低效率的耗散人们劳动量的过程，意味着有更多的人在增持有日益无效的资产。

如果仅仅看单个产品或单个企业，我们是可以使用古典经济学接近完美的理论、自洽式的图表公式分析，去描述和解释局部的市场运作机制的，这是一个“均衡分析”的过程，是一个静态分析的过程，是一个仅注重起点和终点的分析过程，是一个相信个体的优化就足以实现整体优化的理论架构，是一套曾经指导企业家实现经济扩张的理论体系。

但是，我们应该注意到当代微观经济学的均衡分析，它的整体思考框架已经停滞，已经无法解释现在的资本市场参与者所面临的现实困难和问题，尽管时常会有新的经济学家在将这套理论更新和升级。

建立在“均衡结构”基础上的古典或现代经济学的静态分析，其整体思考逻辑的一个潜在的假设前提就是：宏观经济体系“平衡状态”的维持，并不需要消耗人们投入新的劳动能量，而这显然是与存在强大不确定性的“标准人”其与生具备的“耗散特性”相抵触的。

更具体地讲就是：将多类产出品、多类企业线性叠加之后，如果再加载进入“标准人”在时间和空间伸缩上的巨大不确定性，则古典经济学或当代经济学所刻意描述那种“均衡结构”就变得不再稳定，其理性的、一致性的、自洽性的理论框架就出现了坍塌。这就是为什么传统经济理论已不能令人信服地解释资本市场，解释其充满奇异特性的运作机制。

贵金属与矿藏的原初估值
及其揭示出的问题

为更好阐述主题，让我们先回到人们最早的一些产品或所有物，从最原初的状态认识财富的估值过程。

当一种原材料的供给过于充足的时候，这种原材料基本上是没有交换价值的，而当这种原材料变得稀少的时候，其交换价值则开始显现。在早期的一些林地，无论谁发出请求，林地的主人都会允许其使用木材，即使作为人们必需的住宅原材料，这些木材的交换价值也仅仅等于加工过程所附加的劳动量，类似的情况也发生在皮毛制品之上。

对于早期的人们来讲，用于获取食物的劳动量占到了其总劳动量绝大部分，而住宅、衣物包括装饰品的占比相对较小。因此，当富产黄金的南美洲本土居民初次看到西班牙人对于黄金的狂热时，其无法理解的反应就不应使得我们现代人感到不解。从有效需求的角度来看，南美洲土著用黄金交换西班牙人的食物是一种十分理性的行为。

对于贵金属、宝石等奢侈品的有效需求，只有在人们改良土地，并获得足够丰富食物的条件下，才能够真切地产生。也就是说，是充足的食物使得贵金属、宝石等的交换价值得以产生。此外，对于一个普通人来讲，富有的主要乐趣是如何能够炫耀财富，而只有当人们拥有了独占性、标志性的财物的时候，这种人所特有的乐趣才能达到顶点，这可能是人性的一种共同点或弱点。

年景景气的时候，人们食物充裕，对非必需品的需求出现上升，而年景不景气的时候，饥荒迫使食物的交换价值迅速上升，即使黄金也应归类于非必需品。这一过程中蕴含着一个迅速变化的人的炫富心理变量。这种心理驱使人们在困顿的时候，赋予自身迫切需求的物品以最高的可交换的劳动量权重，而在富裕的时候，则赋予那些独占性的、标志性的略有使用价值的奢侈品以最高的可交换的劳动量权重。

因此，以金本位货币来衡量我们身边的财富过程，其本身就是随着人们基本必需品的丰裕程度，而周期变化的一个非对称的、非线性变化的过程。该变化过程的一个同步数据就是：在产出同等作物的前提下，优良土地产出与最新被投入使用土地的所需劳动量的差异值，该差异值或者直接称为地租，它在饥荒的年度出现极大值，在丰收的年度出现极小值。

而财富价值周期性变化的另一个同步数据就是，人们的炫富心理所驱使的对精美器皿、雕像、绘画、宝石、古董等贵重奢侈品的高波动定价。这些贵重奢侈品一般略有使用价值，但获得这些物品的难度相当高、所需投入的劳动量很大、或者是其物件存世数量已十分稀缺。为了保持这些物品的高价位，许多贵重奢侈品拥有者在市场的交易机制中仅仅能找到少量的可以进行交换的时间窗口；惜售并不表示这些物品在任何时刻价值恒定。

如果将人的食物需求与炫富需求分别列在一个光谱的两端，则人类社会中所有可以商品化的产出是分列于这个光谱之间的，这些商品可以包括：加工过的优质饮水、房屋建筑材料、衣物、交通工具、育儿用品、娱乐用品、保健医疗用品、文化教育服务产品等。

所有这些物品或服务是被商品化的，也就是可以赚取类似地租性质的经济利润。在人们的基本需求是否得以满足的条件下，它们依次被赋予的一个动态变化的可交换值。这是一种震颤变化的针对物品使用需求的周期过程。

如果将满足基本需求的食物定义为一种“资源地租类权证”，而将宝石、金银等定义为“炫富心理类权证”，则上述各类物品所构成的等值权证，就是这两类多空方向相反的权证的线性加总。

其中，贵金属和宝石的更多优质矿藏的发现并不能增加人们的总财富，这是因为贵金属和宝石的价值主要来自于其自身的稀缺性，充分的供给将导致其贬值，尽管其使用价值将有所增加，其功效如同可免费获得的丰富饮用水资源。

这里，我们来全新地解释一下何谓商品化。早期，大部分的土地都覆盖着森林，那时树木基本上是土地主人的无用且占据空间资源的物品。在早期的北美地区，人们非常感谢将大部分树木运走的任何人。

而一些地区由于缺乏便利的运输途径，许多树木任其腐烂，最终仅有树皮得以进入市场。后来，人们开始让众多的畜群在森林中游荡，这些畜群造成了大面积的森林在数百年内消失殆尽。

再之后，人们发现木材的不足提高了木材的价格，因此仅存的一些林地已经可以像优良土地那样，稳定地享受林地地租了。而林场主也就认识到，这片土地的最适合的产出品就是这些可以用来交换的林木。

这是商业化进程中的一个可悲的过程，局部商业利益的构建与形成是如此真切地建立在整体森林资源的损失殆尽基础之上的。只有当人们为获得一种产出品而付出足够多的劳动量时，那些能较轻松地提供这些物品的人们，才可以享受类似地租的经济利润，这种过程隐含着悲剧性的商业化进程，但同时也孕育着相反方向的商品化的产品创意过程。其前提就是对“标准人”人性中的相关假设不会对整体社会或自然环境产生不良倾向的作用力。

当林地的地租价值显现时，一种早期不太受欢迎的燃料——煤炭，其交换价值也在凸现。我们一起来看一下人们是如何给煤矿估值的。不同的煤矿有不同的地理位置、埋藏深度、矿脉分布、煤种品质，使用同样的劳动量开采出来的煤炭，所能提供的市场交换价值是不同的。

因此，一些煤矿的产品价格仅足以支付劳动，以及开采使用的设备和运输费用，却产生不了属于矿主的类似地租的产值。在早期煤矿资源尚显丰富的时代，煤矿主和采矿者通常会有这样的共识，就是以略低于所有附近煤矿的价格销售，通常是可以获得更多地租或回报的，而附近的煤矿就被迫以同样的价格跟进。

竞争的结果使一部分煤矿被放弃开采，一些矿主仅仅勉强维持。所以，最富的煤矿支配着附近所有煤矿的销售价格，而煤矿通常仅为该地产所有者提供相对较少的地租，这种“薄利多销”，折射出的是矿主对自身存世利益最大化的思考。煤矿地租通常少于煤矿产出品的 10%，并取决于总产量的波动性，而煤炭产量的波动性则是相当大的。

一般来讲，地面上的其他产出品所能提供的地租，通常占其总产出的 30%左右，而且地租较为稳定。在一些国家，30 倍的年租通常被认为是普通地产产权的适中价格，而煤矿产权的价格定在 10 倍的年租左右。这就是后期资本市场中 P/E 指标最原初的思考过程，值得注意的是：那时人们的寿命预期在 60 岁以内，土地资源尚显丰富。

影响煤矿地租的另外两个因素就是地理位置和运输条件，由于无法负担长途陆路运输或海运费用，通常相对较远的两个最富饶的煤矿彼此之间不会在价格上直接产生竞争，因此各自形成自己的租金属地。

但是，相对昂贵的金属，包括金、银、铜、铁、锡等，其价格却是由世界上最富饶的在采矿藏来决定的，而大部分在采的矿藏却仅能支付开采的劳动和设备成本，以及少量的地租，这些地租本质上由于距离市场较近，在运输成本、信用等环节上实现的。因此，每当世界范围内出现新的更富饶的同类矿藏时，就意味这类金属矿藏产品价格的迅速下降。

在大部分的金属矿藏中，地租仅能占到其产出相对较少的份额。例如，总产量的1/6曾是一些富饶的锡矿、铅矿的地租；而最富饶的金矿和银矿，则将总产量的1/5定为地租标准，之后曾下滑到1/10。

因此，对金属矿藏的估价，按其年租的10倍到15倍，就曾是一个合适的估值区间。这尚未考虑课税的影响，但课税过重，将促使贵金属走私变得有利可图。后期工业用途的扩大，促使某种金属的需求迅速上升，是影响地租价格另外的重要因素，但采矿、探矿技术的提升，却从相反的方向维持着估值体系的稳定。在目前的资本市场中，一些行业估值仍在延续着这种惯例。

应该看到：这种估值体系是建立在人口相对有限，资源量被看做是可无限开发的前提之上的。从宏观分析的角度来看，这种均衡的体系可以用物理学上的“相”概念来建立模型，就是说在体系之内，其状态是均匀的，或者也可以说通过衡量“标准人”劳动量、通过货币媒介以及持续的“大众投票”机制，通过“看不见的手”的调节作用，来促使整体宏观经济达到一种低速运行的均衡状态。

在该类经济“相”状态中，存在着我们所熟悉的古典经济学、或是微观经济学分析的依据，也就是对各个经济体之间相互作用的“均衡分析”；这种分析是建立在经典热力学的思考哲学基础之上的，关于这一点可参见萨缪尔森《经济分析基础》中隐含的解释。

爱因斯坦曾经说过的：“一个理

论，如果它的前提越简单，而且能解释或说明的问题类型越多，或者是应用的范围越为广阔，那么它给人们的印象就越深刻，经典热力学给我留下了深刻的印象。经典热力学是具有普遍内容的唯一物理理论，我相信在其基本概念适用的范围内是不会被推翻的。”

但是，我们应该明白“在其基本概念不适用的领域中”，基于“卡诺热机”的经典热力学的思考哲学就失去它揭示现象、解释问题的强大能力，而这也就意味宏观经济的“相”位发生了显著改变的条件下，上述古典经济学将失去其发挥功能的生存环境，而这就是今天的资本市场正在面临的状态。

因此，今天的我们真切地需要摆脱基于卡诺定理的、基于“可逆性”的、使用了近 180 年、被片面理解的热力学第二定律，真切地需要摆脱这种被夸大了适用范围的思考哲学所衍生出的经典经济学理论，特别是那些强大的控制舆论的经济活动参与者对我们思维的束缚。

资本市场三类主要参与者的性质及其相互作用

为了更好地理解资本市场的运行机制，我们需要对这个市场体系的主要参与角色进行分析，以了解他们在资本市场中的相互作用机制，判断其在宏观经济的“相”的临界点前，他们所具有的运作规律或行动轨迹，从而为发生“相”变后的资本市场机制提供参考依据。

长期来看，经济体中的参与者有三大类，一类是拥有或控制着土地、生物资源或其他天然可持续使用的资源的人或组织，为了简化，我们将其归类为“资源地租享有者”；第二类是拥有资金或实质上控制着资金的使用权，通过获取利润来获取利益的经营者，我们可以将其归类为“资金经营者”；第三类则是通过提供劳动或服务，依靠获取工资或报酬而生的“工薪阶层”。

直观地来看，第一类资源地租享有者的利益与整个经济体的利益相捆绑，这类经济参与者所希望看到的是土地资源的持续改良，森林资源的可持续开发，生物资源的有效利用，以及所有天然资源的可循环的商业化。这些“资源地租享有者”，他们中大多数是通过把握偶然在位、祖辈继承、社会分配或是经济变革中的机会，从而公平或不公平地获取的这种资源地租享有权利的。

正如草原上食草动物与食肉动物之间的搏命生存较量的过程中，进化的第一步往往是由食草动物领起的。处于“资源地租享有者”这一环节的经济参与者往往由于地租类收益的获取过于轻松，并不需要太多的思考与谋划，或者缺乏学习或奋发作为的动力，而逐渐失去了对外界经济运行机制的敏锐观察和思考能力。在许多控制资源的人物讲话中，我们可以看到其思维脱离现实的可悲状态。

第二类是拥有资金或实质上控制着资金使用权的参与者，对于资金拥有者，似乎可以划归到第一类，但考虑其经常变换投资方向或实施投机性操作的行为，以及货币的通胀属性，所以将它划归到第二类。这类经济参与者，由于对资金的时间价值有着强烈的要求，生存或竞争的压力常常迫使他们做出一些思考或规划，而这种规划往往是以年为周期的。

思考或规划的短期化，资金的使用期限、时间价值的压力，以及对经济群落的切身体会，往往促使这些“资金经营者”做出一些非常商业化的管理决策，这些决策的核心目标是自身中短期经济利益最大化，这是因为“长期来看，人们都归于死亡”。“资金经营者”对经济环境基本运行趋势有着更深的理解、对行业竞争数据有着更为充分的掌握、对媒体力量可以实施有效的管理，因此“资金经营者”往往能够在切合公共利益的角度，提出有利于自身利益最大化的改良建议。

这也就是说，从单个时间窗口，或从某一个局部的利益来看，“资金经营者”拥有足够的可调配资金、可引导的舆论资源以及可游说的立法途径，来促使资源的分配或使用，朝向有利于“资金经营者”的方向演变。而“资源地租的享有者”往往由于短视、缺乏思考、被引导或迫于短期的舆论压力，而同意或默认这种改变。

因此，类似破坏森林从而使林木稀缺，进而使其成为商品的短期化的商业行为，就很容易地成为资本市场中各类玩家不受约束的选择，相应的配套的解释或理由则有许多：这可以是“法无禁止则视为可行”，可以是“自由市场的运行法则”，可以是“个体的优化才能导致整体的优化”，也可以是“市场这只无形的手”在发挥作用。

我们可以观察一下草原上的食草动物，来借鉴并思考第二类市场参与者的存在性质。草原上食草动物，这是动物界中最温情的一类生物了，它们在努力地寻找着水源、食物，并通过大量的繁衍，来抵御恶劣的环境带来的种族生存压力，但是，在气候或环境对其缺乏制约的时候，草原上的食草动物，常常会爆发出惊人的群体扩张能力。

然而，这种能力往往是灾难性的、毁灭性的；草原的植被可能被永久性消耗，生态环境可能被不可修复的改变，而生物链也将发生非均衡、不可逆的演化。因此，从生态平衡的角度，草原上的食草动物，是最需要被调控数量的一种生物，最需要限制其发展目标来服从整体利益的一类参与者，尽管这种群体可能是该体系中最有创造性或生产力的环节。

资本市场的第三类参与者，是靠提供劳动或服务，来赚取工资或报酬的“工薪阶层”。这类群体的利益往往依附于前两类参与者，但是他们所处的环境或所接受的教育，往往使自己没有足够的信息，或足够的能力去判断或思考。他们的诉求往往被前两类参与者所引导，因此，一般很难听到反映他们诉求自身利益的舆论或声音。

经济不景气的时候，在三类市场参与者当中，“工薪阶层”往往承受着最大的痛苦与损失；经济景气的时候，对劳动量的需求增加，被雇佣者的数量出现上升，劳动报酬可能会达到更高的名义状态；但是，如果社会财富没有真正的增加，劳动者的真实工资，就仅仅可以维持自身的生存，满足符合其生活水准的衣食住行基本需求而已，或者说其真实工资应小于或等于该时空条件下的“标准人”的劳动等价交换价值。

这里，我们需要重新理解一下什么是“真实的财富增长”。有效需求出现增长时，也就是有更多的人在对同品质的商品产出存在需求的时候，那些需付出更多劳动量或成本的生产环节便被启动，这些环节的产品所对应的劳动量，就是该类产品在这一时刻的交换价值。

因此是有效需求的增长，实质性地拉开了所有上述产品提供者类似地租的收益空间，而这就是财富增长的真实过程。这种增长可以是一个人自身需求内涵式的增长，也可以是存在有效需求人的数量增长。

所以，更多数量的劳动者，或是更多有效的劳动者，就应是一个国家财富产生的根本原因。由于有效需求可以拉升几乎所有可商品化物品的经济地租收益，这一财富创造过程是一个呈现几何级数的变化过程。

因此，我们说，是人口的数量、人口的素质、人口的劳动质量，或者也可以说是一个国家内的“标准人”的演化状态，决定了该国家或地区内的整体经济财富的真实增长过程。假设不存在具备有效需求的人，则上述提到的所有“地租类权证”或是“炫富心理类权证”以及它们的线性加总，都将失去其行权的时间点以及时间价值，并蜕变为毫无意义的数学符号，这些符号仅仅证明物品曾经存在，而其蕴含的劳动量已被耗散。

可以再来看一下海洋中生物一年一度的“大盛宴”，这种大盛宴往往不会在温暖的海域中出现，而是在那些相对寒冷的水域中出现的，因为只有这里才有适宜的生长环境，才可以孕育出大量的可供鱼类生存的浮游生物。也正是这些浮游生物一年一度的大量繁衍，才支撑了海洋中的季节性的生物繁殖。

之后，鱼类的大量繁殖，又支撑了海豹、鲸鱼、包括人类等食物链条上更高级动物的生存。为了这类盛宴，海洋中的鲸鱼常常需要从另外的海域中赶回，这种回游可能历时数月，中间则是饥饿的忍耐。因此，在海洋生物链中，是寒冷水域的浮游生物，真正为海洋中所有生物的年度大盛宴，提供了坚实的食物基础。

如同冰冷海域中的浮游生物一样，一个国家或地区的工作人口，在各个经济群落中的有效劳动的真实增长，才是他们自身、他们的同伴以及资本经营者、资源地租享有者的财富源泉，也只有他们自身相对应的有效需求的扩张，才能拉升整体经济的财富空间，而在这个财富空间中，其绝大成分是由虚拟的劳动量构成的。

综上所述，这里正式提出一个结论："工薪阶层"的全部有效劳动量，应恒等于他们合理的"有效需求"所蕴涵的劳动量，而这应该是在任何社会经济体中，宏观经济运行实现最高效率的充分必要条件。因为，这是一种在

"无能量耗散条件下的"，对资本市场中的商品进行转移交换过程，是效率最高的市场运行体制。

在商品的转移交换过程中，如果出现"工薪阶层"全部有效劳动量大于合理的"有效需求"所蕴涵的劳动量的情形，则意味着社会分配体系的非理性或失衡状态；反之，则意味着货币、财政类等经济政策的过度刺激。只要上述恒等式处于平衡状态，则"资金经营者"和"资源地租享有者"的财富分配就是处于合理分配或运行状态中的。

为了更好地分析上述关系，这里引入一个颇有参考意义的三体运动的模型，就是"混沌摆"。这个物体由一个T型金属架和三个钟摆构成的，T型架的横竖交合点就是混沌摆的中轴，三个钟摆分别位于T型架的三个末端。假设四个转轴点无任何摩擦，则这个混沌摆系统就是一个没有能量损耗的三体运动系统。

当这个系统低速摆动的时候，三个小摆随着T型架的左右运动而呈现周期性的、规律可循的摆动，能量的来源来自对T型架中轴的左右摆动。这时的混沌摆，可以看作是一个可逆的、均衡的系统，它整体尚处在一个“低速的”、“周期性”的状态中，因此系统运行轨迹是可以大致预测出来的。

接下来让我们给混沌摆的控制中轴持续、均匀增加左右摆动的能量，随着时间的推移，就会发现三个小摆钟的一个或两个，将会迅速脱离其原先的运行状态，进而变得摆动速度、或者是转动速度迅速加快，而另外的一种状态，就是三个小摆钟的一个或两个，却可能迅速地减慢其运行状态。在持续获取能量的混沌摆中，不确定性犹如凤凰涅槃一般从系统的相互作用中生成。

“混沌摆”模型，可以很好地解释我们所赖以生存的这个经济体中，各类参与者之间的相互作用。其中，T型架的左右两个摆锤，可以分别模拟“工薪阶层”和“资金经营者”两类经济体参与角色，而能量向某个摆锤的涌动，则意味着该参与角色可支配或占有更多的有效劳动量。

而下垂的摆锤则可以看做是“资

源地租的享有者”，这类参与者往往还享有着立法、权利资源，从长周期来看，他们所起到的作用，更多的是稳定整个混沌摆系统的作用。此外，持续、稳定地向混沌摆的 T 型架的中轴供应左右摆动能量的过程，则可以看作是有效劳动总量显著增长的过程。

而货币供应的增长速度，则可以看做是作用在混沌摆系统中的四个转轴上可调控的摩擦力；货币定向紧缩时，就意味着对相关的系统成分的继续运动进行阻止；货币定向宽松时，则意味着不去干涉系统中相关部分复杂的摆动过程。

如果货币政策出现不公正，则未受到干涉的系统角色将会占有整个系统中更多的能量，而这也就意味着该类成员将可以支配更多的社会劳动量。因此，我们说货币政策不是创造财富的根源，而仅仅是分配财富的机制。值得注意的是：货币政策参与财富分配过程，通常是一个促使系统总能量加速耗散的过程。

在混沌摆的三体运动完全自发演化进程中，并考虑通过 T 型架的中轴来增加系统能量的情形，也就是持续增加有效劳动者或劳动量供应的过程，系统将可能从一种“相”位过渡到另一种“相”位，但系统的运动将是持续且有序的，这一过程隐约可现类似生命体所特有的韵律。

但是，问题在于如果系统中的一部分可以对其他部分施加有效影响时，系统的不稳定性将急剧放大，甚至可能带来整个系统的坍塌。这是指：“资金经营者”拥有足够的可调配资金、可引导的舆论资源以及可游说的立法途径，来促使货币政策以及立法支持等资源的分配或使用，朝向单独有利于“资金经营者”的方向变化。

因此，在混沌摆系统中，我们将会看到，代表“资金经营者”的钟摆，由于不公正地获取了系统中过多的能量而超速运转，而混沌摆系统中的其他部分则因动能减少而运动衰减。但是，当整个混沌摆系统的能量过度集中于一个转轴时，就将对该系统的稳定性或可靠性产生致命性的挑战。这一过程也正是《孙子兵法》中所描述的“鸷鸟之击，至于毁折也，节也”。

贵金属货币与非平衡宏观经济体系

我们先来熟悉一下热力学：热是微观运动和能量的表现，热可以转换成能量的其他形式或者反过来从能量的其他形式转换成热，而温度是一个物体处于平衡状态时冷热程度的数值特征；当两个物体处于热平衡时，也就意味着两个相互接触的物体之间长时期地没有宏观变化时，两类物体的温度是相等的，这就是热力学第零定律的内容。

带着这一思考逻辑，让我们一起去思考金本位的问题。首先看一下人们最初对金银价值的理解，任何一个国家或地区，黄金或白银总量的增加有两种主要的来源：一是本国家或地区的矿山供给增加；另一个则是由于人们劳动产品的增加所导致的金银流入。前者导致金银的交换价值下降，而后者情形却是不同的。

当有更富饶的金银矿产品进入市场中时，市场中人们通过劳动创造出的各类生活资料并没有因为这些贵金属的进入而发生总量的增长；相反由于稀缺性的降低，等量的金银可交换的劳动量必然出现下降。从这个角度来看，金银的价格从某种意义上来讲类似一种温度计的功能，其数量的增加，只是对温度计刻度的步长发生了调整，而市场交换机制将迅速发现物品被调整后的真实交换价值。

金银除了货币属性以外，还有一个属性就是由于人们的炫富心理所形成的权证属性。每当人们可支配或可占有的劳动量出现增长时，人们往往会对精美的艺术品、奢侈品及其他珍奇物品产生更高的兴趣。拥有独占性的、排他性的、或是标志性物品的心理，在驱使着人们富裕的时候愿意用更多的可支配劳动量去交换并拥有上述物品。金银，作为奢侈品或精美器皿的承载体，自然存在这种价值属性。

因此，对于金银来讲，在最富裕的国家将拥有最大的交换价值，而在最贫穷的国家内将被给予最低的价值认可。这与在繁荣时期中，非必需品的价值出现上升，而在贫困艰难时期中，食物等必需品价值出现上升的道理是相同的。因此，黄金和白银，通常会流向资本市场中出价最高的国家或地区，而能给予黄金最高价格的国家或地区，往往给任何东西的出价都最高。

在这里，我们提出一个对理解资本市场很有帮助的重要概念，也就是不同国家或地区往往处在不同的宏观经济的“相”位中。

首先，来定义一下“相”，它是指一种宏观状态的性质，也就是在该空间内，相关的宏观状态指标都是均匀一致的情形；相和相之间在指定的条件下有明显的界面，在界面上宏观状态的性质是突变的；如果一个平衡体系由几个不同的“相”体系构成，则构成“多相体系”。上述所提及的富国和穷国就是宏观经济中的两类"相"体系，在他们各自的国度内，物价等宏观经济指标近似地处于一致均匀的状态。

其次，一个国家或地区在不同时点、不同外界环境下的宏观表现可以称作是宏观经济状态，因此，我们还需要对各种宏观经济状态类别作出定义。当一个国家或地区持续受到某些外部条件影响时，如果在该经济体系内发生着宏观的状态变化，这个宏观经济就处于非平衡态。经过一定时间以后，如果该经济体系达到了一种宏观状态不随时间变化的恒定状态，则这种状态就称为非平衡定态。

如果一个经济体系是一个孤立体系，也就是说没有外部的经济约束或影响，则该体系将会发展一种缺乏宏观经济过程的特殊状态，也就是平衡状态，或者也可以叫做是零过程体系。如果没有外部的约束或影响条件，封闭的经济体系或开放的经济体系都可以达到平衡态。应该看到，各类经济体系最常见的体系状态就是非平衡态，而平衡态属于个案。

经济体系中值得关注的是非平衡定态，这种状态可以看作是非平衡态的一个特殊状态，它的宏观状态不随时间而变化，但体系内部仍然发生宏观经济过程，只不过内部的经济变化与外部贸易等过程所产生的总结果是宏观经济状态不变。

世界经济中最主要和最成熟的经济体系，往往就是处在非平衡定态的。应该看到，在上述各种经济体系的宏观状态中，能够进行定量计算处理的只有平衡态；而在非平衡经济体系中，包括非平衡定态，目前可以定量处理的只有该体系的平衡初态和平衡终态。

因此，我们说，希望通过严谨的数学公式来分析或预测宏观经济中的努力，其中许多努力从一出发就缺乏相关的理论基础来做支撑的。数学工具仅仅是人类理性思维严谨而优雅的表达或助手，它只能依托于我们的思考力而具备存在的价值。因此，借鉴或使用物理模型，用模型来模拟或分析宏观经济，是跨越数理工具存在空白所形成障碍的良好工具。

我们可以将 18 世纪的印度与英国作为宏观经济状态分析方法的一个案例。在当时的印度与英国之间，劳动的真实报酬在英国更高，英国大部分地区处于迅速发展的状态，而印度则处于经济发展的停滞状态。印度这个盛产大米的国家，一般每年可收获两至三次，同等土地面积的产出远远超过了同期的欧洲国家，这也就是说印度的产地享有着丰厚的地租利益，在生活必需品可自由交换的条件下，印度的土地可以更高的频率更高的幅度，来创造大量虚拟的可交换的劳动量。

这些虚拟劳动量是可以被富人用来购买或支配真实的劳动量的，而丰富的食物也支撑了众多的人口，因此印度的富人往往比英国的富人们，可控制或可占有更多的劳动量，或者拥有更多的支付能力。在当时的印度，富人的仪仗排场、随从人数往往比同期的英国富人要多出许多。

富裕的生活状态，使印度人可以用更多的劳动产出来满足自身的炫富心理，因此贵金属和宝石成为他们追逐的标志性物品。供应印度的宝石矿源要比欧洲丰富很多，而印度贵金属矿脉的富饶程度逊于欧洲，因此，在18世纪，印度宝石的交换价值要比英国略低，但贵金属却可以有比英国更高的交换价值。

如果将18世纪的印度和英国分别定义为“相A”和“相B”，则这两类相的交界面是广阔的海域。由于自然禀赋的不同、各自国度内的交通运输便利程度不同，以及技术工艺等因素的叠加影响，导致“相A”中“标准人”的劳动量的真实价格，要远低于“相B”。

这种状态可以在同时期两国的制造品中得到印证，18世纪在制造工艺和勤劳程度方面，印度人与英国人的差距不大，但制造品的价格印度则远低于英国的水平。一个“标准人”用同等劳动量所换取的生活必需品数量，印度要低于英国，同时印度贵金属的定价又高于英国，这样以贵金属货币来衡量的印度“标准人”的劳动量价格就低于英国“标准人”。

相对于印度，英国的土地除了适宜少量经济作物外，其土地可提供的经济地租是远逊于印度的。也就是在最新的有效需求信号被交换市场明确后，这一时刻被英国人投入使用的单位土地，其所能提供的生活资料是远低于印度的，而这些土地所需要的劳动量却高于后者。

这样在不考虑运输成本的条件下，如果将印度和英国市场看成一个宏观经济体系，则体系中的标准人的劳动量价格应该由英国地区决定，而印度人则可享受大量的由优良土地所提供的经济地租，这是一种虚拟的劳动量产品，随着最后被投入使用的劣质土地所必要的劳动量而出现总量上的上下波动。

因此，最贫瘠的土地决定土地产出的劳动量价格，而最富饶的土地提供了最多的虚拟的劳动量，但是一个“标准人”的基本生活必需品，在一定时空下是固定的；如果货币媒介是以金银等贵金属为基础的，则拥有贫瘠土地的宏观经济体系，就会持续向拥有富饶土地的宏观经济体系输出贵金属货币，而后者则向前者输出由真实劳动量和虚拟劳动量所共同提供的生活资料。

自然界存在着用进废退的进化理论，不同的宏观经济体系也存在这样的竞争及演化，那些需要投入更多努力的经济体系，通过金银等贵金属货币载体，使得拥有更多禀赋资源的经济体放弃了在土地改良等方面的努力，而将更多的可支配劳动量投入到了那些并无明显的使用价值，仅仅因为其获得的困难、或是具有独占属性或标志性意义，而被存在炫富心理的人们所认同的财富空间中去。

从另一个角度来说，也就是说资源禀赋的不同，扭曲了不同宏观经济体系中的以金银为测度基础的“温度计”，处在不同相位中的宏观经济体系，测量其状态的“温度计的刻度”是变化的，呈现资源禀赋高，而刻度收缩的特性。

前面的三体运动中，曾提出“工薪阶层”的全部有效劳动量，应恒等于他们合理的“有效需求”所蕴涵的劳动量，而这应该是在任何社会经济体中，宏观经济运行实现最高效率的充分必要条件。因为，这是一种在“无能量耗散条件下的”，对资本市场中的商品进行转移交换过程，是效率最高的市场运行体制。

放在这里，我们用这个恒等式来检验18世纪的英国和印度，可以看到在整体社会财富并不富裕的英国，其劳动者的真实工资要高于富裕的印度，也就是其劳工阶层的全部有效劳动量，比印度更为接近他们合理的“有效需求”所蕴含的劳动量。也就是说，英国经济体系的宏观经济实现了更低“能量耗散条件下的”的社会劳动产品的交换、转移及分配，因此，英国的经济增长速度是高于印度的。

这里有一个概念需要进一步厘清，就是“有效需求”的实现过程，我们定义其为一个劳动者在准确理解目前可以为其提供各类生活资源的经济环境的运作机制之后，合理规划自身的各类消费计划，并逐步地通过提供有效劳动来获取货币报酬，并用后者来实现自身或家庭生活需求的过程。

任何非市场化的干预、分配或补贴

将扭曲“有效需求”的真实含金量，这是因为自发的“有效需求”是每一个人在调整自身与社会之间关系的过程中最有价值的产物，正是“有效需求”使我们现在已存在的多档次的各种社会资源的经济地租的真实空间得以拉展而开。而任何扭曲的“短期需求”则是在破坏相应的资源地租空间，这种破坏过程是呈现几何级数放大效果的。

所以，我们说可自我调节的“有效需求”是宏观经济体系通过货币交换等市场运行机制来有效地发现、及时满足目前时空条件下的“标准人”的各类合理需求的过程。这一过程包括需求的唤起、需求与供给的匹配、有效的交换机制、合理的宏观财富分配以及经济体系外的影响或约束因素，对上述各环节的拉升或抑制的作用机制。

当两个经济体系对同一个“标准人”的劳动定价出现不同的时候，在两个经济体之间就存在着一个“温度”梯度，如同经典热力学中所描述的，热量从温度高的体系向温度低的体系传送，如果劳动是自由的，则可提供有效劳动的人将会涌向对“标准人”的劳动定价高的经济体系。

现实的政治因素，使得在不同的经济体系之间，对同一“标准人”的劳动定价可能始终存在级差，这种级差是由于不同国家的资源禀赋等造成的。级差所造成的压力，如果不能从劳动力的自由转移来消除，则以贵金属为基础的货币流动就会替代了劳动力的流动，向相反的方向移动。

这种贵金属货币涌向类似 18 世纪印度的经济体系后，将以耗散有效劳动量的情形，促使该地区经济陷入停滞；也就是说，人们沉迷于可轻松获得土地租金利润，而更多的真实的劳动力被投入一些缺乏实际使用价值的产品或服务；相反通过对外交易获得了可有效支配劳动力的土地产出的英国，却通过经济的正反馈机制，最终铸造成了日不落帝国，走向了殖民扩张的另一条道路。

这里我们来定义一个全新的经济概念：“耗散结构”，它是指一种宏观经济体系时空有序结构的形成和维持都依赖于有效能量耗散的情形。上述所描述的18世纪的英国经济体系，它的宏观经济结构的形成和维持依赖于外部有效劳动产出的耗散，就是这样一种经济体系的代表。这种结构鼓励相互竞争，推崇汰弱留强。在宏观经济的非平衡"多相"体系中，能够通过能量的高效率的耗散过程，来维持和扩张自身时空有序结构的经济"相"体系，就是该经济体系的主宰者。

相对应地，我们可以来看一下宏观经济处于平衡态的经济体，在没有外部约束的条件下，该经济体系中的参与者在社会中的位置是固定的，不存在明显的宏观状态的改变，但是这样的宏观经济体缺乏扩张所需要的生命力，是对经济体内"人人有权追求幸福的天赋权利"的践踏，或者也可以说是对每个人有效需求的扼杀。

制造业所引出的资本市场扩张问题

土地的资源是有限的，随着人口的增加，土地改良所带来的经济地租利润是明显的；但是改良过程如果是发生在产出不受限的领域，如制造业，这类产业的估值过程就形成了一种不同的问题。由于有了更好的操作工具、更熟练的技术工人、更细致的流程分工、更便捷的原材料供应链，以及更有效的产品分销途径，制造业中每一产品上所需要的复杂劳动量呈现出了持续减少的状态。

在制造业领域，产品推新及降价过程是别的行业难以比拟的。在早期的市场中，这种变化常常给同业人员带来震撼性的心理冲击，这意味着后者可能用2—3倍的劳动投入也无法制造出同样品质的新产品。这是一种制造业实现超额利润的过程，它扩展了产品的使用价值空间。但是，行业技巧的可复制特性，又使得该类产品的交换价值难以保持现状，因此，制造业的新产品价格持续走低。

从这个角度来看，对制造业的估值可看作是对一种频率更高的早期全球采矿业的估值，因此，在稳定的资本市场中，通常给予制造业企业10—15倍的P/E估值，也就相当于10—15倍的年租，这一估值水平要高于资源尚未成为约束条件下的矿业企业的估值。

但是这里出现了一个悖论：即市场体系中人们的使用价值空间在增长，但是以货币来衡量的交换价值空间的增幅却相对较小，甚至在薄利多销、恶性竞争的背景下，可能出现交换价值空间下降的情形。同时制造业改进带来的新成果，其满足人各类基本需求的进程，却又是在不断加速的。

这就带来一个问题，即应该如何给

目前时空状态下的“标准人”的劳动量进行估值，按照传统的方法，我们应提供满足其自身2倍的生活必需品，也就是维持其家庭运转的对应价值，而制造业的改进使得对“标准人”的劳动总量需求出现下降，而满足同样家庭运转所需要的生活资料的交换价值总量也同时出现下降。进而，持续的竞争以及持续的改良，将使得参与该行业的有效“标准人”的劳动总量出现持续的下滑，而其为各个家庭所提供的产出品总量却在持续增加。

因此，“工薪阶层”的全部有效劳动量，应等于他们合理的“有效需求”所蕴涵的劳动量，这一宏观经济运行实现最高效率运转的充分必要条件，在这里就出现了一些问题，这就是“资金的经营者”为了自身的利益，可以使“工薪阶层”的全部有效劳动量与他们“有效需求”所蕴含的劳动量，在低层级上实现相等。

在这样的经济体系中，如果人们希望总体宏观经济继续保持较好的增长态势，就必须创造足够数量的类似“炫富心理权证”的交换价值的承载体，而这些承载体的使用价值相当有限，这就形成了一个具有强烈波动空间的资本市场扩张过程。而随着“工薪阶层”有效劳动量动态地增加或减少，随着土地产出等资源类供给的不确定，这些承载社会财富增值空间的“炫富心理权证”的交换价值，就出现了几何级别的上下波动。

这些“炫富心理权证”的有效载体有：股票（超过合理估值的部分）、期货、期权、权证、贵金属、宝石、艺术品以及稀缺位置的高端住宅等。他们的真实意义在于吸纳着人们一次次的生产改良活动所带来的超过“工薪阶层”劳动合理交换价值的那部分价值，这些权利可以用来占有和支配人们的劳动量，也可以用来交换等值的“炫富心理的权证”。

这似乎是现代社会实现高效运转的一个必须的环节，因为只有这样人们才愿意忍受身体上的痛苦不快、劳累或是承受风险，去换取保持生活合理状态的必需品以及预防自身失去工作能力时的保障类替代品，而上述“炫富心理权证”就是这种功能的载体，因此，它们不仅对于富有的人群存在意义，对于较不富裕的群体也是具有意义的。

值得注意的是，上述“炫富心理权证”吸纳人们生产改良活动所带来的超过“工薪阶层”劳动合理索求权的那部分财富的过程，本质上是一个“耗散”过程，也就是说这种过程具有“非平衡”或“不可逆”的状态特性。

我们可以进一步来看这个问题：劳动者的劳动量所带来的交换价值，被投入到了资本市场的交换体系当中，这部分交换价值被消费者使用或耗费，意味劳动量的转移及消逝，它有两阶含义，一阶是产品所附带的基本劳动量的消逝；另一阶则是由于劳动改良所带来的交换价值的增值空间的消逝，前者意味着简单经济体系中的“可逆的”、“平衡的”部分，而后者则意味着“耗散过程”，一旦发生过程就不再“可逆”或重新回到“平衡”。

上述第二阶是整个宏观经济过程中最复杂的过程，它一方面在创造着交换价值，并以各类“炫富心理的权证”的形式存在，来对未来的资本市场提出对应的要求权利；另一方面，这一过程又在持续削减着“标准人”劳动量的交换价值，在持续削减着整个资本市场中以货币为媒介的交换价值空间，因此，整个资本市场的交换空间得以保持原状或实现增长的必要条件就是要有持续的新增的劳动量被投入整个市场。

上述过程引出这样的一个宏观经济运行逻辑，就是整个资本市场交换价值的有效增长，首先，需要“工薪阶层”全部有效劳动量等于其合理的“有效需求”所蕴涵的劳动量；其次，我们需要有持续不断的新增劳动量进入市场，或者也可以用虚拟劳动量来替代新增劳动量，即资源类地租。人口增长和资源类地租的拓展是资本市场扩张的主要动力，是其生命力的源泉。

这里我们想讨论一下资本市场的“生命力的特征”，一个市场机体如何可以说它是有生命力的呢？可能我们会这样来描述，这个机体可以持续地去做一些事情，可以运动和变化，可以实现新陈代谢，可以有效地避免衰退为惰性的“平衡”状态。对于我们所分析的资本市场，如果将它看作是一个有生命力的机体通过合理的交换机制，来推迟趋向最终的平衡或衰退进程的现象或过程，则我们在统计学理论上可以有这样的一种表达方法：

热力学第二定律中一个重要概念就是熵，熵在希腊语中是发展或变化的意思，它是体系的广度性质的描述，因此，如果一个体系由几个部分所组成，则体系的熵就是各部分熵的总和，而体系内的“熵变”可以分解成“熵产生”和“熵流”两部分的和。

对于任何一个体系，“熵产生”永远不会是负的，这就是正熵产生原理，它表示由于体系内部的不可逆过程而造成的熵的增加。而熵流则表示由于体系和外界环境的相互作用，例如由于物质或能量的流进或流出过程引起的熵的增加。

上述我们所分析的资本市场的动力源泉有两个：一个是人口的增长；一个是资源类地租的扩展，其实质上是同一类概念，也就是对应该体系中的“熵流”环节。而“熵产生”则对应着存量有效劳动量的动态消耗。

对于一个封闭的经济体系，如果在劳动力总量上没有新的增量部分，则该体系则仅仅存在着“熵产生”，现有劳动量在持续地被消耗，然后又重新被创造而出，这是一个可逆的体系过程，整个宏观经济维持着简单的再循环。早期闭关锁国的农业经济就是这样的经济体系的代表。

在该体系中，一个“标准人”的劳动量的交换价值所蕴涵的内容保持相对稳定，各类资源地租的扩张空间有限且保持稳定，人口的自我增长接近于零；这是一种位于“平衡态”的宏观经济，是我们所处的这个资本市场的发展的起点，也是其发展的终点。这是一个简单的宏观经济体系状态。

在封闭的经济体系中，如果有新的劳动者进入，也就是在劳动总量上出现了净增长，则该体系中同时存在着“熵产生”和“熵流”，“熵流”可以是正，也可以是负。同样，在开放的经济体系中，如果有新的劳动者、新的资源的流入，都意味着该体系中同时存在着“熵产生”和“熵流”。

这样的宏观经济体系可以通过从体系内外不断汲取负熵，来避免其体系趋向于接近最大值的熵的危险状态，体系的消亡状态。有效运作的资本市场可以通过各类交换机制，来吸收各类负熵去抵消其在运转中所产生的熵的增加。因此，一个国家或地区的宏观经济如果要保持活力，就需要持续保持其人口的合理增速，并通过有效拉升各类资源的地租类利润空间，来实现整个经济体系的有机增长，这才是市场机制的真实含义。

正如一个有机体，为了使其本身稳定在一个相当高的有序状态中，它就必须从环境中不断的吸取秩序，或者拥有更为有序状态的事物，这种吸收负熵的过程，是解释宏观经济发展的合理机制。任何宏观经济体都需要以“负熵”为生，实际上也可以称作是以“能量”为生，因此宏观经济现象没有违反热力学的任何基本定律，它只不过是在给予适当的能量供给条件下，一个复杂体系进化的自然结果。

（新）古典经济学是建立的经典热力学基础上的，后者不涉及负的熵流。经典热力学中又可以分为平衡热力学和非平衡热力学，其中经典的平衡热力学在其适用空间内是相对严密的，但是这种严密需要有可逆循环过程的基本假定以及不可逆过程的初态和终态必须是平衡态的假定，这就限制该理论在研究不可逆过程中的作用十分有限。因此，建立在经典热力学理论基础上的古典经济学及其衍生学说，在其出发的时刻就设定了非常苛刻的、限制性的假设或前提。

例如，在保罗·萨缪尔森的《经济学》中，对于“所有市场的一般均衡”分析中需要做出如下诸多假定：首先，假设所有市场都是完全竞争的——即在众多买者和卖者的激烈竞争；其次，假定企业主追求利润的最大化，而消费者选择最偏好的商品组合；此外，还需要假定每种商品都是在规模报酬不变或递减的条件下生产的，假定没有污染和外部性，假定消费者和生产者对于价格和经济机会有充分的了解，假定每种价格，不管其投入品还是产出品，都能够充分灵活地加以调整，使供给和需求在任何时点都可能达到均衡。

应该看到，这种严密的、一致性的思考逻辑是符合本书开篇所提到的资本市场所先天偏好的西方新教伦理的宗教哲学体系的理性的、一致性要求的，它为该体系支撑的市场运行机制提供了具体的操作说明指南；但是，即使连萨缪尔森本人也承认这些思考的前提条件过于理想，因此存在应用受限制的问题。

但是这些经济学理论及其衍生品的广泛影响力，可能导致一个不良的后果，这就是建立在精密假设的理论基础上的资本市场估值体系，将可能存在着先天的致命的体系性的缺陷，这种缺陷在持续的不可逆过程中将很可能会演化为规模庞大的资本市场运行机制的危机，而其中一些关键的市场环节将可能承受强大的持续的破坏性的冲击。

关于水、钻石（金刚石）及房地产的资产估值问题

水，是对人们有很多使用价值的物品，但是通常意义上的水却拥有着有限的交换价值，这是由于水的供给数量充裕，导致了生产水所需的劳动量是有限的，同时由于水一般具有同质的特性，所以水的价格取决取决于最后的被生产出的水的价格。

谈到了水的使用价值，我们很容易想到钻石或金刚石，这是一个非常有意义的物品，其原子构成与最廉价的木炭的原子属于同类，其结构导致其质地坚硬，可以制作采矿钻头等切割打磨工具，其色泽又使其具有奢侈品的属性，颗粒较大的天然钻石成为富裕阶层人士炫富的有效载体。

对于金刚石或钻石的估值是最有挑战性的，由于天然存在状态的稀缺，获得该物品所需要的劳动量是显著超过水一类的产品的，因此从所需劳动量来估计该物品的交换价值，使得钻石从一开始就处在了类似贵金属的层级；同时，由于金刚石是世界上强度最高的物品，用它所制作的钻头可享有类似地租的经济价值，这种交换价值是以次优替代品的交换价值以及工具改良所带来的效益所共同决定的。

此外，不同的钻石由于大小、颜色、质地、稀缺性等因素而呈现出不同的奢侈品特性，这时“炫富心理权证”在这里的估值作用就凸现而出，因而对该类产出品的估值也就呈现出了高度的波动性特征，这种波动性一方面来自于整体经济的繁荣程度；另一方面则来自人们对钻石类珠宝品的偏好特性，例如，当战乱、政局动荡或是税收政策等不利因素出现时，许多人倾向选择高品位的天然钻石。

作为奢侈品，钻石的价值最根本上

取决其稀缺性，也就是产出该类物品的矿藏的富饶程度，从这一点来看，如果某一天发现了产量巨大的钻石矿藏，则天然钻石的交换价值的演变过程将如同白银，后者由于美洲等地区富饶矿藏的发现而出现价格的下跌。作为工业用品，钻石又可以被称为金刚石，其价值来源于改良生产工具所创造的经济效益。这里，钻石或金刚石的交换价值已成为一个在多个约束条件下的规划求解问题。

但是，对于金刚石来讲，影响其交换价值最重要的是人造金刚石。在1970年前后，前苏联学者采用化学气相淀积（CVD）方法在低压条件下，用石墨转化成了人造金刚石，而在当时，人造金刚石曾被美国科学家嘲笑为“点金术”，并认为从经典热力学的角度来看，这是无法实现的。

直到35年以后，美国华盛顿卡耐基研究学院地球物理实验室的赫姆利和毛河光在日本举行的国际会议上宣布得到了一颗10克拉、透明无色的CVD钻石，媒体才开始争相报道。原因之一就是，1970年，前苏联学者使用该方法制造的金刚石通常处在微米尺度，且普遍呈现深棕黄色或黑色，而卡耐基研究学院的突破，不仅证实了低压CVD钻石技术的突破，更是人们迈向低成本制造商业用钻石的重要一步。

商业的“人造钻石”，有可能是氧化锆单晶，但是这里所涉及是真正的金刚石。金刚石具有最高的室温热导率、热膨胀系数小、耐辐射，耐酸碱，可以成为很好的导热及切割、研磨工具，可以在医疗及电子器件上有很多应用。所谓化学气相淀积法，是将天然钻石、甲烷、氢气、氮气在低压、高温环境处理，使得天然钻石表面不断生长新的钻石外延层。

20世纪90年代，激活低压气相生长金刚石是全世界的热门课题，但是人造金刚石的生长速度为0.33mm/月。当卡耐基研究学院发表CVD金刚石的研究申请专利后，有许多仿效者进入该领域，但是由于无法提速钻石的生长速度，只好退出了该产品的商业化进程。最终，在投入几百万美元的实验经费后，卡耐基研究学院终于找到了改进人造金刚石的途径和方法。

美国宝石学院的专家曾对卡耐基学院的一颗人造金刚石进行估价，根据其稀有的色泽及切割方式，这位专家给出了 20 万美元的合理估价。但是，当该专家得知这颗钻石竟是人工制造而成时，颇感惊讶之余询问制造成本时，卡耐基学院的研究人员随口而出的答案是 5000 美元。如果具体来看这颗人造钻石的成本，则可以拆解为以下几个成分：首先，是卡耐基学院投入到该领域中的研究经费，但考虑长期摊薄后，分摊到该钻石商的成本不会高出 1000 美元的量级；其次，是一小块成色不错的天然裸钻用来做母晶体，成本应在 100 美元的量级；第三，就是微波炉、甲烷、氮气、氢气等原材料或工具以及一周左右的人工，数量级在 1000 美元；最后，就是钻石的打磨费用，数量级在 100 美元。这也就是说一颗人造钻石的成本仅为 2200 美元，其产生的交换价值却高达 200000 美元。但是，应该看到，这是第一颗人造钻石，估值的困难在于以后量化生产的钻石数量是否受控。

从使用价值来看，金刚石作为工业用品的地租类利润受到了由于其供给量上升所带来的冲击，这种冲击的力度受到了该产品专利技术的制约，而专利技术是使人造钻石商业利益最大化中的一个关键因素，它的实质作用是在专利有效期内该类产品供应总量起到了限制，也就是只要市场中尚存在着一定数量的次优替代品，则该类人造金刚石就可以收取由于其改良工业操作环节而带来的经济地租。

因此，进一步我们应该认同这一点，就是技术变革将会加深资本市场运作问题的复杂性。萨缪尔森《经济学》中关于技术推动的历史研究曾提出，“发明和创新提高了资本收益，从而会影响均衡利率，由收益递减导致的利率下降趋势的确可以被发明和技术的进步所抵消”。

但是，我们认为：如果没有专利技术等因素的制约，如果资本市场的信息传递是有效的，则发明和创新的直接作用是在减少“现存”资产中以“标准人”的劳动量来衡量的交换价值，特别是自然资源类地租的利润率。因此，可以看到在过去60多年的价格变化中，如果以各时点的“标准人”劳动报酬为计价基准，则全球大多数的自然资源的价格是呈现下降趋势的。

此外，一些经济学家，例如，约瑟夫·熊彼德，也曾将投资过程与小提琴的拨弦相比，他们认为“在一个没有技术变革的世界里，资本积累会降低资本收益，恰如琴弦会逐渐地停止振动。但在经济进入稳定状态之前，外部事件或发明的出现将拨动‘琴弦’，使投资因素重新活跃起来。”我们认为，这个观点有正确的成分，也有概念上出现错误的部分。

这是因为，参考本书前面的论述过程，我们提出：如果技术变革没有以更高的效率引入新的“熵流”，则技术变革的实际作用，将只是加速宏观经济体系内的“熵产生”，而这是真正意义上的“琴弦会逐渐地停止振动”。因此，技术变革的核心目标应是实现更高效的

"熵产生"和"熵流"，而不是简单地加速这一过程，其中"熵产生"涉及宏观经济体系的存量资源，而"熵流"涉及宏观经济体系中的增量资源。

回到本篇的论述，上述内容则意味着，如果金刚石的专利技术可以被免费使用时，人造金刚石的经济地租价值将荡然无存，这时其交换价值将仅仅由该产品的制造成本、销售成本加上合理利润回报率所对应的劳动量来决定的。但是，同样的钻石，如果是与天然钻石相比较时，我们却可以看到，前者对后者的冲击作用并不是显著的。这是因为：依靠特定的鉴定技术，人们还是可以分辨出人造钻石与天然钻石的。

一般来讲，鉴定专家常用高倍显微镜来观察钻石里包含的杂质，因为如果钻石是在地壳中天然形成的，它可能会含有一些细小的杂质。如果一颗钻石太纯净了，它可能就是人造的，但一些上等天然钻石也可能是不含任何杂质的，所以，人们又发明了通过分析其中氮原子的分布，通过紫外线观察钻石的生长结构，来检查钻石是否通过高压而形成的，据此来鉴定其是否是人工制造。

这样人工钻石和天然钻石就被划分为两类不同的物品，依据人们传统对奢侈品的定义，天然钻石依旧可以保持其“炫富心理价值”，因为完全同质的物品的获得其所需的劳动量依旧是巨大的。人工钻石的出现，使得钻石作为工业用品、装饰用品的交换价值出现缩水，但是高品位天然钻石的奢侈品价值却并未受到冲击。

因此，市场中由于稀缺性、独占性、标志性等因素而能满足人们“炫富心理特性”的物品，其在资本市场中所能获得交换价值，是与其使用价值和地租类经济价值无关的，或者是“炫富心理权证”交换价值的数量级远高于“地租类权证”的数量级，而这一点对于解释资本市场中的财富的真实含义有重要的意义。

这不由得让人想起战乱纷争中的非洲国家某位军事首领，冒着被国际法庭的制裁的危险，用破旧的报纸包裹着其通过武装暴力取得的“血钻”，让手下辗转前去英国，送给其心仪的英国名模的故事。此时的“钻石”所蕴含的交换价值，已不属于“标准劳动者”对生活必需品的交换价值的判断范畴，因为这些钻石的得到意味着众多无辜的生命消逝。

而在这位独裁者的交换价值的评估体系中，这些“血钻”的“炫富心理权证”价值已经达到的奢侈品估值体系中的极致，这是一种在外界环境剧烈变化条件下的估值过程，它在人类历史中一次一次地被重复，成为许多历经沧桑的高端投资者所认可的一种投资方式，因此，上述内容，对资本市场的估值体系的完整性是具有意义的。

谈了水、钻石（金刚石），我们来看一下房屋，早期的经济学家认为，居住用的房屋应与水、食物、衣服和家具一样，是人们留存下来用于当前消费的资产，它不会产生收入或利润，即使租房者获得的租金，也是来自租房者的劳动、资本或其他收入。

对于房屋，我们可以从最原始的人的活动来开始理解其资产的性质，那时的人们，很少进行相互间的交易，因为每个人必须实现自给自足，房屋建筑材料使用免费取得的林木，建筑工人则由自己或邻里间互助构成，当房屋可能会倒塌的时候，便就地取材，尽可能地修复。这种条件下的房屋，其交换价值如同供给充分的淡水资源一样是接近于零的。

当人们发现彼此可以交换物品，可以通过分工来实现更好的生存条件时，交换需求导致了个人的存货需求，进而演变为储蓄需求，因为只有储蓄的东西足够多，才能保证交换回所需的各类生活物品。进而货币媒介的引入，使得储蓄的内容发生了改变，当货币积累到一定程度的时候，人们就可以直接购买适合他们居住的空间。

这时一套普通房屋的交换价值范围，大致处于一个家庭若干年或十几年的劳动交换所得，而房屋的地租类属性在这时也就出现了，人们可以将其出租，租金可以参考市场建造同类房屋所需的劳动量折算成年租；人们也可以将房屋进行交换，确定交换价值的基础仍是建造该房屋所需要的该时空条件下的“标准人”的劳动量。

此时，各类建筑材料所拥有的资源类地租、各类建筑工匠所拥有的技术类地租都被依次纳入了房屋的交换价值当中，这也就意味着，房屋中有越来越多的虚拟的劳动量的成分，这时房屋中的资本属性就在逐渐增强。这部分资产价值随着经济的繁荣或衰退，人口的增长或缩减，而呈现几何级别的波动状态，其本质是“地租类权证”在发生作用。

随着资本和土地的自由流动加快，经济的增长和劳动生产率的提高，首先使得人自身的生产得到很快的发展，一些物产丰富的国家或地区，人口出现了密集存在的状况，特别是城市的形成，使得房屋的属性中增加了土地使用权的属性，这意味着该居住环境可以节约的交通成本、信息沟通成本、教育或医疗成本、市政配套成本等，已经可以提供足够的“地租类”经济利益。

因此，同样品质的房屋，仅仅由于其是否位于合适的位置，就出现了显著的交换价值的差异，而“位置”也就成为房地产类财富估值中最核心的要素。这是资本市场交换机制在发挥作用，它是维系一个宏观经济体系在该时空条件下的“标准人”工作量的交换价值的一个重要环节。

这样，我们就不会诧异这样的一种规律：也就是按照“标准人”模式给出的最高工资，通常不是在最富裕的国家中出现，而是在经济发展最快的国家内出现；而最高的房屋价格，也同样不是在最富裕的国家中出现，而是在经济发展最快的国家内出现的。因此，房屋的交换价值和“标准人”雇员工资水准之间的关联性已经非常明显地呈现出来。

随着人口的聚集，一些区域承载的功能类型要多于另外的一些区域，而人口居住区域的正反馈特性，将促使这些区域中某些部分的功能将持续增加，这样就形成了相对稀缺的核心的人口聚集区域。此外，还有一些天然存在的区域，例如，拥有海景或沙滩资源、湖波、山景或是人工园林等，都可以使该地区成为一种核心的人口聚居区。

对于附近工作或生活的人群来讲，占有或支配这些核心的聚集区域上的建筑房屋，就成为一种标志性的、排他性的、可以满足人自身所与生俱来的“炫富心理需求”的一种载体，因此，这些地域上的一些建筑房屋就具备了“炫富心理权证”属性，从而被纳入了随着经济、人口等因素变化而呈现强大波动性的资产范畴之内。

货币体系中的利率内涵

商业银行最早是在英国产生的，早期的金匠工承接为客户保管黄金的业务，客户凭借收据来收回他们的黄金，并支付一定的保管费用，时间一久了，金匠工发现仅仅保留两成左右的黄金就可以应对客户的黄金支付需求，而剩余的黄金则可以放贷出去获取利息，黄金直接起到了货币的作用。

需要先明确货币的作用：在市场中流通着的货币或金块的数量决不等于全体人员的收入，构成我们支配或占有新的劳动量的支付手段中，货币或金块仅仅占到很小的一部分。因此，黄金或货币所代表就只是交换媒介。纸币的引入，无疑是交换媒介颇有意义的改良过程。

当人们相信某家金铺或银行所签发出的可流通兑换的证明函件时，这家金铺或银行所发行的纸币就可以被当作金银货币来完成交换媒介的功效。这样假设一家银行资本金有 1000 盎司黄金，按照诚信交易原则，其发行的可兑换货币的总量应对应于该数量级的黄金。由于公众认可该银行的股东会承诺将纸币兑现为这 1000 盎司黄金，因此在市场中该银行的货币是可以等同黄金的。

但是，人总是有私利的，银行的经营者也有同样的欲望。从发行纸币的银行来看，同金匠工一样他们只需要保留 20% 左右的黄金或白银，来承兑人们将纸币转换为金属货币的需求，而剩余的 80% 黄金就可以拿去从事其他的业务。

从早期银行业务来看，其发行的纸币所覆盖的区域是其自身的商业信用覆盖区域或是法律保护范围，而走出自己的商业信用覆盖区域后，或是离开受保护的法律环境之后，则黄金比纸币更有优势来作为交换媒介。因此，对于这些银行经营者或股东而言，暂时搁置的黄金可以借给从事跨区域经营业务的企业，或者是直接将黄金借贷给外国的企业，从而收取利息收入。

尽管市场中流通的货物与其需要的现金货币量之间的比例较难确定，但是，在某一时空条件下，市场交换中所需的现金总量总是一定的，因此，纸币的出现使得黄金作为货币载体的供给量出现过剩，如果将黄金从本地区输出到国外，则会增加国外的黄金供给，换回的可能是更多的生产资料、食物等蕴含劳动量的产品，这将增加国内的财富总量。

这种商业银行的发展必将为其所属国家的财富增长提供强大的动力源泉。我们不妨将早期擅长发展商业银行国家的黄金输出，称为“黄金攻略”。这是一种非常成功的国与国之间的竞争策略。在中国古代的春秋战国时期，就曾有使用提高本国粮食价格，增加竞争国的奢侈品供应的策略，来完成了战争前准备工作的案例，该策略实质上是在使用“炫富心理权证”来交换可支配或占有劳动量的食物，也就是“资源地租类权证”。

纸币流通的一个直接作用是金银的市面供给不再那样稀缺，在一些地区，大量小面额纸币的发行，使得市面上的金银被驱逐出市场，而对小额纸币的发行实施限制后，则可稍微减轻市面上金银缺乏的状况，这一现象所反映的事实是市场在某一时空条件下，资本市场中各个交易环节所需要的交易媒介是一个变化的确定值，也就是说当货币的发行量增大时，我们在该时点所需要使用的交易工具还是固定的。因此，当人们发现手头的货币处于闲置状态时，他们会将这些呆滞的货币兑换为金银，从而减少市场中金银类货币的流通总量，进一步也就实现了市场中货币总量的供给平衡。

这里可以引导我们对货币的本质进行更深一步的思考。交易工具的出现有两个原初的起因，一个原因就是：我们并不希望自己的劳动成果，以物物交换的形式换来一些等值的，但自己无法及时或合理消费的一篮子产品，这些产品仅仅是因为可以实现交换，但他们不能与我们未来一段时间内的各类生活需求相匹配，而交换媒介出现的意义就是将产品的交换价值以金银或纸币的形式暂时搁置，并通过该媒介来实现所购买的物品与自身各个时空条件下的需求相匹配。

因此，货币的本质是一种劳动量交换价值的时空转移工具，它赋予了人们一个在不确定期限内行权使用的权证，这个权证的初始价值就是货币的本身标识的数量，但是随着时间的流逝，该货币所代表的可交换的一篮子物品组合在发生着变化，可能是被消费，也可能是品质发生改变而失去功效，尽管人们可以使用会计学中的各种存货处理方法来维持这一篮子物品，但人们手中的货币的真实可交换内容必将发生改变。

因此，从整个市场劳动量耗散最少的角度来看，一个“标准人”在获得劳动的货币报酬后，应在一个确定的时空范围内，将这些货币有序地转化为该市场为其所提供的一个“标准化的消费品组合”，这是一种从统计学意义上的匹配。因此，我们说只有在市场中所有“标准人”的劳动总量耗散最少的条件下，整个资本市场的运作效率才是最高的。

但我们应该明白关于“标准人”的定义，以及其需求的存在形式，是一个呈现振荡波动的状态。微观个体的总和形成一个宏观状态的“相”，而个体的演变到一定阀值时，这个宏观经济的“相”会突变到另外一个“相”的状态中。因此，这是一个从混沌走向有序变化的过程。

在“标准人”的定义中，我们没有涉及资源地租以及资金，是在假设一个纯粹的劳动者的模型，这个模型没有资本或投资的成分，我们还假设了另外两类纯粹的社会角色，“资源地租享有者”和“资金经营者”，三者之间没有重叠的成分，但事实上一个现实的社会人是兼有上述三类角色的。从宏观统计的角度来看，这样的抽象定义是具有现实分析意义的。

例如，在完成自己的产品制造过程中，我们可能需要储备原材料，购买土地或机器等，同时为了更好地实现规模化经营，我们可能需要临时雇佣帮手，这些过程就涉及了“资金的经营”和“资源地租”的使用，涉及了对货币的积蓄过程，因此也就引出了货币的第二类职能，也就是“投资工具”的功能，这是与上述第一类的“消费工具”的功能相对应的。

在货币的“消费工具”功能中，可能出现变化的主要因素是该类“权证”中的“时间价值”，这种时间价值背后所反映的是资本市场中“标准化的一篮子产出组合”是有消费时限的。从宏观统计上，如果我们没有适时消费这个组合，则意味着整个资本市场的分工与交换是缺乏效率的。

这种不成功或许是由于错误的“计划经济指令”安排造成的，也可能是意外的自然条件的变换，例如天灾导致的减产、运输障碍等造成，还有可能是复杂的“政治因素”所造成的，例如政府补贴、寡头垄断、税收壁垒等，所有这些因素都可以归集为在货币的“投资工具”功能中发生的。

如果说在“消费工具”职能中，人对货币的自私欲望尚可以定义为“市场中无形的手”的话，而在“投资工具”中，人对货币的自私欲望，则是宏观经济问题复杂性的根源。这也就是说人的私利性如果是在满足自身合理的生活或生存状态需求的话，它是一种非常有益于社会的事物；但是，如果说人的私利性是想满足超越自身合理的生活或生存状态需求的话，对整个宏观经济而言，它就是一种巨大的市场波动性的扰动源头。而人类最有教益的利己性原则：莫过于“己所不欲，勿施于人”。

社会分工与劳动产出相互紊乱匹配的结果就是扭曲原先的消费时间表，或者也可以说是扭曲了劳动产品的时间价值，进而扭曲了蕴涵在原先货币中的“时间价值”，这样就造成了无效的货币成分，而弥补这种无效的途径就是需要注入新的劳动量，通过新的“熵流”来维持原有的宏观经济状态的持续进行，这一过程所对应的就是我们在资本市场中所面临的最复杂的问题，“利率的成因”，或是“利率之谜”。

银行货币的存在状态，从表面上来看，是一种接近稳定的、短期内与时间关联度小、均匀的类似平衡态存在形式，但是实质上它是一种有组织的非平衡态，这种平衡态的形成和保持依赖于耗散过程，也就是说货币的宏观时空有序结构的形成和维持都依赖于能量或劳动量的耗散，因此这里将这种结构，定义为“耗散结构”。对它的分析，我们引入了“耗散热力学”模型。

首先，我们引入“热扩散现象”中的一个最简单的、多过程复杂体系模型：在装有两类气体分子的封闭容器两端分别放置温度不同的热源，经过一段时间以后，由于温度的不同，两种气体分子就会分别更多地分布于容器的一端。从分子动力学的角度来看，较轻的气体分子倾向于靠近较高温度的端口，这样原先的均匀分布的混合气体，就呈现出了一种类似光谱分布的状态，气体分布不再均匀，并形成了一种浓度发生变化的非平衡定态。

在上述过程中存在从高温区向低

温区的热传导，这是一种正常的热扩散过程，但同时又存在着原先混合均匀的气体分子分别向两端扩散的过程，这是一种“反热扩散过程”，是一个有可用功损耗的耗散过程，由于两端温差较小，因此处于线性耗散热力学的范畴，而从现代热力学角度来看，这个模型属于热力学耦合范畴，判定依据就是该过程存在非自发的“反常扩散”。这种宏观量级上时空有序性的反应机理，是经典热力学的方法无法合理解释的。

这里我们可以考虑一下利率结构，随着风险的层级由低到高，或是随着时间跨度的由近到远，货币的“投资工具”所要求的投资回报率是呈现出一种宏观有序的状态的，这种状态中存在着一种非自发的“反常扩散”过程，这种非自发的“反常扩散”过程，正如萨缪尔森在《经济学》中所曾描述的，“发明和创新提高了资本收益，从而会影响均衡利率，由收益递减导致的利率下降趋势的确可以被发明和技术的进步所抵消”，而他也承认技术进步使得相关的经济分析变得十分复杂。

进一步，在对货币“投资工具”的功能分析中，我们引入了耗散热力学的思考模式：在货币的宏观状态体系中，存在着至少超过一种的不可逆过程，而这种体系也可以被称作是多过程体系。在多过程体系中，一种不可逆过程的流不仅取决于相关热的能量状态，同时也在受到其他不可逆过程的影响，这种在多过程体系中的不可逆过程间的相互影响，通常叫做“热力学耦合”。

我们可以将人类通过劳动将原材料转化为满足自身需求产品的过程看作是一个复杂的化学兼物理类的反应过程，货币作为“投资工具”所形成的宏观经济体系则可以看作是一个“反应耦合”，反应耦合的实质内涵是：一个需要能量输入的非自发反应或过程，需要在另一个处于同时条件下的能够提供能量的自发反应或自发过程来推动。而“利率”的真正含义，则是实质性地反映出了在货币体系中非自发反应与自发反应之间的相互影响力的效率。

而社会分工与劳动产出相互紊乱匹配的结果是扭曲了劳动产品的时间价值，进而扭曲了蕴涵在原先货币中的“时间价值”，这样造成了无效的货币成分，而弥补这种无效的途径就是需要注入新的劳动量，这意味着“熵产生”，或者通过获取新的“熵流”，也就意味着新的技术革新等事物，来维持原有的宏观经济状态的持续进行，维持货币体系这一非平衡宏观态的继续。而这也就是货币体系中非自发反应与自发反应之间的相互影响过程之一。

从这个分析逻辑来看，在货币体系当中，当长期利率达到无限高的时候，就是货币体系走向“热寂”的时刻，也就是体系内“熵”出现最大值的时刻，货币体系进入了惰性的平衡态，因为这个时刻体系中非自发反应与自发反应之间的相互影响的效率接近于零。

而当长期真实利率接近零的时刻，则意味着宏观经济处于“无耗散”运行状态，也就是达到了经济运行的最高效率状态，在这个时刻，人类的技术进步或工作改良，或者直接地讲，人类转化各种能量的效率，已经达到了接近最高的水平或状态，但是我们应该看到：这是一个无限逼近的理想过程。

农耕技术与土地的经济地租

农业是人类过去几千年来最熟悉的一个行业，千百年来我们的劳动量中的绝大多部分被投入到这个行业当中。在该领域，由于种植技术的改良，土地的扩大使用，使得粮食的生产，由最初的仅能满足基本的生存需求，走向了时而出现的粮食供给过剩，人们已在供需平衡的缺口上进行生产总量的调节，来使行业的利润率保持在合理的水平。

农业为人们所提供的各类产出品，是社会体系得以继续保持其非平衡宏观态的最重要的能量来源，而这些能量最终来自太阳系内部，通过不同禀赋的土地和农业作物，人们将其转化为自身可以利用的能量，这些能量所形成的“熵流”在维持着或影响着整个宏观经济中的“熵产生”，因此分析这一过程中人们将太阳能转化为农业产出的效率，分析人们将农业产出转化为其他各个领域产出的效率，是判断宏观经济体系运行是否有效的一个关键环节。

早期的人们基本上没有太多的耕种技术，人们日出而作，日落而息，过着一种靠天吃饭的生活，农作物、畜产品等总供给量在决定着人自身生产的扩张或收缩。在这样的一个体系中，那些最后被投入使用的土地上所需要付出的劳动量，决定了其他土地上产出的合理交换价值。这个宏观体系不断将太阳能转化为生物能，并形成了一种较稳定、均匀的非平衡定态。

在该宏观经济体系中，那些同等产出需要付出最少劳动量的优质水田、牧场等，就成为经济地租的合理载体，这些土地资源可以持续地、大量地创造虚拟的“标准化的劳动量”产出。此时，技术进步尚未明显出现，因此，对优质土地、牧场控制权的争夺，是该宏观经济体系中大多数人的经济目标，在本质上就是对宏观经济体系中的“熵流”进行争夺或控制。

拥有了优质土地或牧场之后，大量的虚拟“劳动量”交换价值的形成，可以为控制者提供充足的财力来提升战备能力，进而可以争夺或控制更多土地或牧场。因此，那些拥有最肥沃土地或最肥沃牧场的诸侯国或草原部落，大多曾在人类历史上一度成为封疆扩土的成功样本。这是封建土地经济体系下的运行模型，其核心特征是财富主要由土地地租类资源构成，并缺乏技术进步。

贵金属、奢侈品、甚至包括贵族家中的食客门人等，承载了该体系中经济繁荣条件下的“炫富心理权证”类财富，土地的众多产出被转移到了这类消费中。象征权贵身份的耗费大量劳动量的工程建筑在这个时期频频出现，丰年的庄园主偶尔会为邻居免费提供美食，可以参加盛宴的包括陌生的路人，在该体系中，对大量虚拟劳动量所形成的财富支配或占有，并未被转向可以提升土地产出的农耕技术；这是因为：荒芜的沃土空间尚还存在，人们还可以通过提升战备力来进行掠夺。

尽管边远地区存在着大量的土地资源，但由于缺乏开发条件或是由于交通不便利等因素，同等产出在这些土地上所需投入的劳动量是大量的，而过度的劳动量需求也就使人们放弃了对这类土地的耕耘，转而沦落为纯粹的劳动力的提供者。因此，对优质土地的过度集中的控制状态，最终导致了大量的拥有劳动力的人们，丧失了对自己劳动产品定价的权利，这时的市场交易机制已不属于“自由的市场交易机制”。

这种社会中的“资源地租享有者”出于自身利益最大化的考虑，可以采用限制产出的方法，来使市场中最后被使用的土地的产出劳动量保持在较高的水平，因此，以土地为主要财富来源的经济体系中，使大部分劳动者处于整日辛苦劳作的状态，反而是其地租类经济利益最大化的实质支撑。

从土地所有者的角度来看，那些可以促使土地产量提高的农耕技术，实质上是在较大幅度地缩减最后被投入使用土地的劳动量，而这将使得所有土地上的产出所能交换到的标准化的劳动量呈现缩减趋势。这也意味着土地所有者对整个经济体系中的“标准人”所有劳动量的支配、控制或拥有总量的减少，进而那些贵金属、奢侈品等“炫富类权证”的交换价值基础也将被动摇。

以土地为主要财富载体的社会体系中，实现体系财富最大化，是以将劳动效率锁定在低位为代价的，在这样的宏观经济体系中，从外部环境中流入的“熵流”总量受到控制或受到限制，整个体系中“标准人”的大部分劳动被锁定在土地的低效耕作之上的，那些认为应重视商业流通、或重视工业技术的尝试，屡屡被该体系中的一些“御用文人”所抑制，因为这些尝试有违“祖宗之法”。

在西方，有一个例子很有说明力，亚历山德里亚博物馆陈列的罗马帝国技术发明表明：公元一世纪，罗马人就已经知晓了今天我们所使用的许多机械装置，但是这些机械装置看起来却更像是精巧的玩具，其中类似蒸汽机的发明，也只是用来开启或关闭神庙的大门。整体来看，即使在西欧，鼓励技术发明的制度也只是在过去几百年中才得以缓慢的发展。

封建王权在土地经济、文化教育的各个领域都在实施着本质相同的禁锢式的管理模式，这是一种“线性非平衡宏观定态”，体系的两端存在温度落差，体系内存在着受控的“熵流”，而“熵产生”的过程却成为体系中最主要的过程，整体经济系统呈现出了均匀且稳定的状态。“标准人”的各类需求被体系的文教系统所引导或定型，人们内心当中那些有利于体系稳定的需求被强化，而那些不利于体系稳定的合理需求却被持久地压抑。

封建体系中“标准人”的全部有效劳动量，也曾出现与这些“标准人”合理的“有效需求”所蕴涵的劳动量的相等的状态，这近似满足着此类体系宏观经济最高效率运行的充分必要条件，我们暂且可以将这种高效运行状态定义为封建制的最高运行效率状态。在中国，不乏这样的经济运行状态，其中，最为繁盛和强大的案例之一，就是闭关锁国的“康乾盛世”；此外，享有着更高效的“熵流”管理模式的大唐盛世，则在封建体系“标准人”的塑造上“略输文采”。

在这样的体系中，满足封建社会秩序导向的“标准人”，享受到了由于秩序所带来的适度的经济利益，但在体系运转的深处，仍然存在着众多的合理的人的生活需求被扭曲或被压抑的状态；体系中众多的“熵流”被低效地耗散，而“熵过程”被有序引导。因此，这种宏观经济体系的运转过程，整体来看是处于低效率的，但是它也有其积极的社会发展意义，就是实现了宏观状态下的有序。这种“礼序”经济体系，相对于更为野蛮的人类存在状态，其运转效率是有较大的提高的。

在这样的宏观经济体系中，其自发过程（即熵产生）与非自发过程（即熵流）之间的相互影响效率是低效的，乏见热耦合过程；而真实利率值则长期处于高位运行。因此，在这样的经济体系中，我们常常可以看到高利贷的生存空间是充裕的，它甚至是土地资源经营权利的一种最优替代。

但是以优良土地为主要财富载体的封建社会中，存在着一些土地资源劣质的区域或国家，其中许多是岛国。在分享土地地租经济利益的过程中，这些国家的土地所提供的虚拟“劳动量”是有限的，这使得他们的宏观经济体系在与别的经济体系竞争的早期处在劣势。因此，这样的经济体系往往会输出较多的黄金、白银，去换取那些可以支配、控制或占有更多“标准人”劳动量的土地产出。

在土地资源匮乏的经济体系中，“标准人”劳动量的交换价值通常比那些资源地租丰厚的经济体中的劳动量可以兑换更多的贵金属货币，因此相对那些炫富类奢侈品，这类经济体系中劳动量的交换价值含金量更高。所以，在这样的经济体中，那些从体系外用贵金属交换而来的生活资料，被整个体系更为合理地使用，这也就意味着体系中更多的劳动量被转入了土地的改良努力、工具与机器的改进、技术的发明升级等创新活动中。

我们可以看到，尽管中国人最早推出了四大发明，但真正将这些发明加以发挥，并运用到航海、武器制造等领域中的却是西方人。例如，早期的中国将领对火药的态度是消极的，他们认同的更是传统的冷兵器作战方法，认同需要大量人力的作战方法，这种消极态度的选择，尽管现在看起来时非常荒谬的，但却是符合其实现土地地租利益最大化原则的，因此是一种理性行为。

但是，对于那些缺乏优良土地资源的岛国或邻海国家，火器的使用或改良以及航海技术的拓展，却是符合其利益最大化需求的。在这些国家，海盗行为甚至受到了最高统治者的资金支持或法律认可。宏观经济的“相”状态从一种层级越向另一个层级的过程变化是剧烈的；拥有的先进武器及航海技术的西方国家，在全球领域内展开了对黄金和土地资源的争夺，开始了改变经济体系财富存在状态的新进程。

掠夺来的黄金，通过自由贸易，可以换取更多的食物资源，而更多的食物资源就可以占有或支配更多的劳动量，去完成更多的技术升级，机器或土地的改良，从而实现更强大的扩张能力。因此，拥有最贫瘠土地的国家，反而成为技术革新需求最强烈的地方，而技术的进步，就迫使“土地地租资源享有者”所依赖的“封建秩序”失去了存在的依托，或者是御敌的壁垒。

过去的200年中，统计研究表明，在人类主要产业中，农业生产效率的增长速度是最快的。相关的重要技术发明有：拖拉机、播种机、联合收割机、摘棉机等农业机械化；化肥技术、灌溉技术、育种技术以及转基因等技术推广。这些技术革新的应用，其实质是加速了我们所处的宏观经济体系“熵流”的利用过程，提高了体系中“熵流”和“熵产生”过程的相互作用或影响的效率。

农业技术推广的结果是，尽管人口在增长，但那些最后被使用的土地上，同等产出所需要投入的劳动总量却在持续地减少。过去100年中，我们已看到了农产品价格持续下降的过程。如果以农产品价格除以消费者价格指数，过去50年中，真实的农产品价格是在以每年2%的速度出现下降的①。因此，技术进步的直接结果是导致了大量优良土地的土地地租经济利润的消失。尽管为了保护这些土地地租资源享有者的利益，一些国家曾出台限制耕种面积的政策。

农耕技术的进步，其实质是减少了体系中优良土地所能提供的标准化的“虚拟劳动”的总量，减少了经济体中的“土地地租类”资产的占比；其积极意义是可以将更多的“标准人”劳动从土地劳作中解脱出来，去从事可以满足社会中其他“标准人”更多的合理需求的生产活动。

这里，我们没有考虑专利技术的商业化问题，但是放在长期来看，专利技术商业化可看作是一个逐渐衰减的震荡阻尼过程，因此可以忽略不计。农耕技

① 数据参考［美］萨缪尔森（Samuelson，P. A.）、诺德豪斯（Nordhaus，W. D.）著，萧琛主译：《经济学》第18版，人民邮电出版社2009年版，第65页。

术对于专利持有人来讲，在短期内是可以创造“技术类地租经济利润”的，但是随着专利技术保护期的来临，随着技术被大规模地仿效或提升，农耕技术的实质是在毁灭着这这一行业中的商业交换价值的。

这里所揭示出的是：当我们获得“经济地租利润”后，如果将其转化成货币或其他与经济水准关联度较高的“炫富类权证”并进行保留，则随着各类经济领域科技的提升，体系中的各类经济地租利润将出现持续地下降，因此我们所保留的货币或与经济水准关联度较高的“炫富类权证”所对应的交换价值，或者是这些货币或“炫富类权证”所能支配、占有或享受的劳动量就会出现同步的衰减。因此，从长期来看，技术进步可以看做是现有资产或财富的缩减器。

在农业经济当中，整个经济体系中的“熵流”来自太阳能，而这一资源是公共的、是免费的，土地则属于一部分人群或个人的，其中许多优质改良土地可享受经济地租，农业技术的改进则优化了体系中的“熵流”，使得体系中的“熵产生”过程与“熵流”之间的相互影响过程向着更高的效率迈进。

过去100年中，在农业体系中，那些我们所曾熟悉的地租利润、高利贷、贫苦挣扎的劳动力等现象在逐渐减少。以美国为例，100年前约有一半的美国人口在从事农业生产，而今这一数字已经下降到了3%，而农产品相对工资收入或经济中的其他产出的交换价值已大幅下降。对于人类来讲，尽管农产品的使用价值是如此的重要，就像水一样如此不可替代，但技术进步导致的充裕供给，导致其交换价值是如此受限。

农业经济体系中，每一次的技术的升级或进步，仅意味着对拥有该技术专利的企业的短期商业价值的提升，而对整个行业来讲，则意味着存量的经济地租类财富的消逝，也就是说人们真实的使用价值空间出现了增长，但是所涉及的交换价值空间却出现了缩减，而这也正是社会进步的真实含义。

如果仅从农业经济来看，这似乎颇有讽刺意义，社会的整体福利的进步，却是建立在现有“资源地租享有者”财富悄然消逝的基础上，因此，财富本身和技术进步在这里竟然成为相互对立的两类事物。

我们不能忽视的另外一个因素就是，由于极端天气变化或者战争、政治等因素的作用，使得土地产出发生预期以外的大幅度的波动；在这样的经济体系条件下，土地经济地租的交换价值空间将出现了非常规状态下的迅速回归。粮价可能在特定时期出现剧烈的价格波动，所涉及的是国家或地区间的竞争与安全问题，因此，其交换价值依存于每一个具体的定价环境。

应该承认极端天气变化或者战争、政治等因素，增加了“土地地租资源”的交换价值空间，或是其财富的空间。通常，这些特殊的定价过程，是可以在人类漫长的农耕或战争历史中找到借鉴案例的，因此仅应将其看作是一种短暂的偶尔的回归，并不代表或构成经济演化的长期趋势，但是，农耕技术消灭农业土地地租利润的趋势是永恒的。

自然资源类资产与人口增长

除了土地、水以外，我们还面临着各类自然资源品的估值问题。这些自然资源在经济学中已经具备了一些分类标准，例如，可以将其划分为可分拨资源或不可分拨资源。前者包括像石油、天然气、煤炭以及林木等，后者则包括鲸鱼、金枪鱼等生物的繁殖潜力、气候变化与放射性废物等类似的问题。当自然资源是不可分拨的，且具有外部性时，是资本市场运行机制失效的领域。

而所谓外部性，是指对该类自然资源的生产或消费，将对其他人造成不可补偿的损失，或是提供免费收益的情形。人的私利欲望使得前一种产品的生产或消费会出现过度的情形，而后一种情形可能会出现缺乏供给的情形，因此，这里应是政府或公益组织介入的领域。对于自然资源类资产的交换价格问题的研究，我们主要涉及的是那些被划分为可分拨自然资源类的资产。

对自然资源类资产的分析，先要回到各类资源可自由开发的时代，例如美国的西进运动时期。在这样的环境中，被改良的自然资源与新开发自然资源之间的经济地租差额并未显现，因此，经济体系中所有标准化的劳动量投入就等于整个经济体系的产出，整个经济产出的扩张是和人口的扩张同步进行的。在这个时期内，尚未出现由经济地租构成的资本利润或财富积累，这也就意味着以土地为主的自然资源尚未形成交换价值，尚不构成财富。

随着人口的持续增加，更多的荒地被开拓或改良，那些待开发的资源就变得越来越有限，人们开始集中在有限领域内的展开经济活动，这些领域内自然资源的产出能力、配套设施、交通便利等因素就成为产生经济地租利润的现实因素。而区域内等量自然资源产出所需的劳动量，与那些最后被投入使用的区域所需投入的劳动量的差额，就构成了经济地租的具体数量，这代表着虚拟的劳动量。

这些虚拟的劳动量通过交换转变为货币类资产形式后，却可以支配真实的劳动量，因此这些拥有先天禀赋的自然资源就构成了可持续提供经济地租的资产或财富。通常，人们根据经验，对常规的地产给予30倍的年租，对采矿类资产则给予6到10倍左右的年租，而在一些水资源缺乏的地区，对淡水泉、井水等也是可以照搬此法定价的。这些比例倍数是人们依据相关自然资源产出的供给与需求的时空分布状态，参照传统或经验，所确定的合理的交换价值估算体系，这些过程也就是自然资源构成财富的过程。

人类的生存环境中，自然资源储量的数量级相对于在世者的需求量，通常是处在较高层级的，所以，一些经济理论将自然资源的供给近似看作无限供应，而自然资源的交换价值，也就是该类产出的开采、加工、运输和销售等环节，所需要的劳动量的加总。各类经济地租的形成原因包括产出品的丰产程度、矿脉的富饶程度、种植、饲养、开采或获取的难易度、加工耗费、地理远近以及存货便利程度等。

参照对土地地租的计算过程，我们只需确定在目前的时空条件下，该类自然资源最后被投入市场中的那一单位产出由生产到消费过程中所耗费的标准人的劳动时间量，就可以计算出上述各类经济地租的市场交换价值，以及这些经济减负因素所能创造出的虚拟的标准人的劳动时间量，进而计算出自然资源品的交换价值总量。

以这些自然资源在一年内所创造出的虚拟的标准人的劳动时间量为年租，然后根据获取这些资源的稳定或可靠性，使用者对这类资源的需求的波动性以及客户使用其他替代品的可能性，我们就可以根据具体的时空条件，给予适当的年租倍数，这样就获得了对该自然资源的资产估值结果。

尽管自然资源的储量是处在较高数

量级的，但经济的快速增长常常使人们对资源约束产生忧虑。现实的生产或生活中，我们也经常面临着一些资源品出现短缺的局面，这些境况通常是在特定的短期内发生的。一个较为经验性的对“短缺”的定义是：对某类资源品的需求量与其供给量之差超过了5%。在这样的缺口形成之后，人的心理因素往往会对资源品的交换价值产生强烈的干扰特性。

人的心理因素干扰资源品交换价值的过程可以分为两个层面：首先，从供给者的角度来看，如果目前抑制资源品供给的状态继续保持，则拥有资源品存货的人们则可以充分地享受由于各类因素所推动形成的经济地租利益，对他们来讲这是获利的状态，而且随着时间的推移其获利幅度将更为可观。

如果抑制资源供给的状态出现被中止的情形，则对于那些拥有存货的人们来讲，现有的交换价值被迅速提升的自然资源品的高收益率将被抹杀，从资产估值的角度来看，这意味着确定的损失。从行为金融学的研究案例来看，通常人们在面临损失的时候都会选择忍耐，而面临获利的时候则会选择较快的兑现。

因此，在供给出现短缺的初期，由于信息的不完全，造成该类短缺品的交换价值迅速被拉升，过了一段时间后境况稍微出现稳定后，短缺品的价格就会出现下行波动。在波动的过程中，拥有存货者的销售行为，将仅在交换价值呈现上升的路径中发生，在交换价值掉头向下的路径中，却倾向于选择捂货惜售。

尽管真实的交换价值是在上下波动的，但供给者最终实现的销售价格轨迹却是刚性上涨的，应该明白这是一个价格曲线被单方向过滤的现象，所有向下波动的交换价值路径都被无形的手悄悄抹去，而这一价格记录又会成为下一轮涨价过程的诱因。

第二个层面，是从需求者的角度来看的。当资源供给受限的条件下，现有的存货供应商手中的资源品，从正常的交换价值确定机制来看，是可以享受合理的经济地租利润的，因为这些资源品在交通便利、供给即时性、可获得性等方面存在着超额创造“虚拟标准人”劳动量的功效，而需求者对资源品的需求，则存在特定的刚性，因此，用高于常规状况下的交换价值，来换取所需的资源品的行为是一种理性的行为，这里未曾考虑道德约束问题。

在自然资源品出现供给与需求缺口大于5%的条件下，供给方通过过滤价格波动过程中的下降路径中的交换行为，将迅速形成一个交易价格被快速拉升的市场信号，而一旦需求者将存货的交换价值考虑进来后，买方心理路径就与供给方的心理路径发生了重叠，进而可以产生共振。因此，在自然资源品短缺大于5%的条件下，当市场对这一信号的扩散超过一定的时空范围之后，就常常会出现自然资源价格被迅速拉升20%以上的现象。

从耗散经济学的角度来看：对于上述过程中的需求方，其“熵流”的供应受限，而“熵产生”的过程是保持原状的；为了维持其体系的“宏观非平衡定态”，就必须保持“熵流”与

“熵产生”之间的有效作用和影响；但“熵流”供应受限，使得两者间相互影响和作用的过程的效率迅速衰减，也就是体系维持活力的效率出现下降，而利率作为反映宏观经济体系“熵流”与“熵产生”过程的反向指标，也就出现了急剧的拉升过程，该利率拉升的过程也正表明了体系正在由“宏观非平衡定态”趋向于“宏观平衡态”，表明了体系处于能量被迅速耗散的状态。

在上述过程中，自然资源短缺品的拥有者倾向于在交换价值上升条件下，向市场提供存货供应，这将导致了需求者在交换价值下降过程中无法获得本应可以交换到的需求品。因此，道德与财富已隐约呈现出彼此对立的特性。

人对自然资源的开发到达一定程度，丰富的食物资源和广泛的社会分工，就支撑起了较快速度的人口扩张。在那些拥有最肥沃土地的国家和地区以及拥有矿产、渔业资源的领域，我们都可以看到迅速上涨的人口数量。尽管有战争、疾病等因素在一定程度上调整着人口数量，但持续刚性上涨的数据还是使许多经济学者对资源的有限产生了担忧。

马尔萨斯以及他的《人口论》就是这样的代表，他所提出的人口增长趋势假设是，如果没有食物供应的限制，则人口数量将会按照几何级数速度扩张；而土地是有限的，当边际收益递减规律应用于固定土地产出上时，就可以推论出，当劳动投入增加时，食物总量的增长将按照算数级数增长。因此，一代又一代翻番的人口数量，将使得地球上不再有足够的空间容纳所有的人；按照这种观点，人们可以得出这样的结论，政府不能改善穷人的福利，因为他们收入的任何增加都会导致工人增加生育，直到生活水准降到仅够生存的水平。

这个理论是存在着诸多推导过程的问题的。从耗散经济理论的角度来看，在地球资源约束的下人口增长，是一个非线性耗散热力学范畴问题。在非线性耗散热力学中，不会存在判别该体系将发展到哪一确定状态的普遍性的极值原理，非线性耗散体系的发展终态，经常不是唯一的。而一组给定的非平衡条件，通常可能会有一个以上的可能终态，一个特定的体系究竟要发展到它们中的哪一个终态，一般是难以预测的。

而这样体系所可能达到的状态，通常是一种具有特定时空条件下的宏观有序状态，这种现象通常被叫做“自组织”现象，而这种由于体系内的“涨落”而引起的过程，也就被称作“涨落引起有序”。关于人口的问题，在生态学中有一个经典的方程被称作“逻辑斯蒂方程”。该方程所描述的是含有 N 个个体的群体的进化，方程公式可以写成：$dN/dt = rN(K-N) - mN$。

其中 r 和 m 是特征出生常数和特征死亡常数，K 是环境的“运载能力”。无论 N 的初值是何值，随着时间的推移，它将达到稳恒态值 $N = K - m/r$，当达到此值时，在每一瞬间，死亡的个体与出生的个体同样多。“逻辑斯蒂方程”是一个简化的且适用性广泛的工具，例如，如果发生了地区气候的变化，则这种涨落机制将改变 K、m 和 r 的常数值。

上述方程也可以改为“离散”的形式：$N_{t+1} = N_t(1 + r(1 - N_t/K))$，其中 N_t 和 N_{t+1} 是相隔一年的两个群体数。梅（R. May）注意到：尽管这个方程很简单，但是当 r 的参数值在 0—2 之间时，上述方程将均匀地趋向平衡值，这实质是一种宏观非平衡定态，而 r 的参数值小于 2.444 时，一个极限环开始出现，也就是我们将开始得到一个两年为周期的涨落行为，其后是 4 年、8 年等的涨落过程，而当 r 大于 2.57 时，整个生态行为则只能被描述成混沌状态的。这种基于现实的仿生学的数学模型或方法，本身就可以深刻地揭示出马尔萨斯经济模型所涉及的简单分析而带来的问题。

上述分析中假设的 r（特征出生常数）、m（特征死亡常数）以及 K（环境的“运载能力”）是固定的常数，因此是一种静态的分析，如果考虑人口问题中的上述三个常数发生了改变，则人口增长所带来的自然资源问题就是一个存在多种终态的非线性耗散系统。例如，人们可以改变现有自然资源的使用方法，或是通过技术革新来提升的资源的使用效率，或是通过开发新资源的方法，来不断扩大着常量 K，这样对于不同数量级别的常量 K，人们所在不同的社会体系中的稳恒态值 $N = K - m/r$ 就是跳跃上升的一个坡形路径，这里假设 m 和 r 为常数。

如果将瘟疫、饥饿和战争看成是上述模型分析中的内生的影响因素，则工业革命带来的技术进步，使得计划生育控制人口增长成为现实，就是外生的影响因素，它使得人为地改变特征出生常数成为现实，再加上人自身教育的提升，也在共同促使着禁欲和延迟结婚等成为减缓人口增长的主要因素。

回到现实的经济当中，我们可以看到，尽管今天所消耗的能源中，90%是来自总量受限、且不可再生的自然资源，但是它们都是存在替代品的。例如，当石油发生短缺时，我们可以用煤、煤液化、煤气化替代石油和天然气等作为燃料，当煤成为稀缺品时，则风能、核能和太阳能将成为新的替代品；此外，鉴于土地的实质是将太阳能转化为生物能的有效载体，因此其替代品可以从这样的角度来考虑，也就是当人们对土地的技术改良达到一定极限时，可以通过提升生物的能量转化效率来对土地的功能进行替代，因此生物基因工程是土地的替代品。

日常生活中，我们可以看到铜质电话线被光线电缆所替代，有线通讯被无线通讯所替代，这种替代过程被无形的手所引导着，以一种自发地、有序地形态在前进着。人口在许多发达国家已经呈现的总量负增长的趋势，一些发展中国家的人口结构正因为计划生育而出现人口年龄结构性的问题。因此，仅仅因为人口的数量增长所带来的自然资源枯竭的悲观预期，所导致的由于供给显著少于需求的悲观假设，在人类社会的发展进程中是缺乏支撑依据的。

从长期来看，对于大多数的自然资源来讲，生产率的提高和替代品的发明在持续抵消着自然资源的消耗，相对于特定时空条件下的“标准人”单位劳动量的交换价值来讲，这些自然资源的市场交换价值呈现着持续下降的趋势，尽管这种趋势在部分年代由于政治、战争等因素，出现过短期内的反向运行。

从过去半个世纪来看，包括农业、林业、渔业、矿业、电力、天然气和供水业在内的资源类行业，这些自然资源类资产寄身其中的行业的产值，占国内生产总值的比例持续呈现着下降趋势。这印证着技术的进步带来的是各类自然资源经济地租的跳跃性的下降。

从长期来看，这些自然资源资产为人类社会所能提供的“熵流”是可以被不断替换着的，而这些“熵流”对人类经济体系中不可避免的“熵产生”过程的影响或作用的效率也是在被不断地提升，也就意味着非耗散的过程或比例在提升。因此，这些自然资源所构成的资产的利率，或者是其内在所能要求的回报率是趋向零的。因此，从长期来看，可被替代的自然资源不能构成持续维持其交换价值的资产。

但是，在中短期内，可被替代的自然资源的交换价值，则由该类资产在规模经济运行中所形成的各类经济地租加总而成，具备了资产存在的特征；此外，在特殊的时空条件下，由于人口总数量的异常波动，特定自然资源资产的短时期内的不可替代性，再加上人特有的“行为金融”范畴类的处事特征，将会导致该类自然资源资产的交换价值，在特定的时间窗口内出现异常高的数值，因此，自然资源类资产在资本市场中是一个存在高波动性的、中短线的投资品种，长期来看，其交换价值处于耗散状态，不能构成一个国家长期富有的核心支柱。

外部约束与耗散经济体系的三类财富

我们先来看一些熟悉的概念，例如“公共物品”，就是那些无论个人愿不愿意购买，但却可以使所有人受益的物品；相对应的就是“私人物品”，是指那些可以被分割，可以供不同人消费的物品，同时对他人不构成外部收益或外部成本的物品。这两类物品所代表的就是外部性问题所涉及的光谱的两个极端。外部性概念的含义是一种其影响无法完全体现在价格和市场交易之上的行为，因此，对于人类来讲，最棘手的问题就是全球公共品了，重要的例子包括减缓全球变暖等。

上述传统经济学是将外部约束与私

人利益相互割裂开来的一种观点。但是，我们可以从耗散经济学的角度来看一下这个问题。每一个经济体系，无论从小的家庭、到工厂、地区还是国家或某个经济共同体，之所以能够不断保持着生存形态，并且不断提升或改进着所处体系，是因为这些经济体系所形成的耗散结构，可以持续地从外界汲取秩序，来避免体系接近熵值最大的危险状态，这就是体系的死亡。

我们所处的体系之所以能够不断地复杂化，不断地进化，并构成了复杂的有机体，是因为体系中大量存在着非自发的过程，将可以利用的能量以负熵的方式加以转移或存储。

有机生命体系中，能量被转化和储存的效率是最高的，如果将这种有机体转化能量的过程看做一种汲取外部秩序，并储藏秩序的过程，则我们需要将这一过程进一步进行细化，来更好理解上述内容。首先，来看看一下热力学第二定律，该定律的本质是指宏观体系的变化在本质上是不可逆的，即发展是朝向单一的时间箭头方向前进的，因此，热力学是一门关于宏观世界发展的科学。

热力学定律是建立在人们对现实生活中的大量现象的观察和总结基础上的，是人们经验的总结，它不能从其他更具普遍意义的定律中推导而来。热力学第二定律概括了热现象具有自动选择方向的特性，沿着这样方向进行的过程就可以自动进行，这样的过程就被称为自发过程。而与自发过程相反的就是非自发过程。

自发过程一定是不可逆过程，从大量的事实中我们得出结论：自发过程不可能从其最终的状态恢复到最初的状态，而不在外界留下任何改变，因此要研究自发过程，就需要找到对应于自发过程终态和初态的状态函数，这就是克劳修斯的熵函数 S。克劳修斯在 1850 年提出了热力学第二定律的表述：不可能把热从低温物体传给高温物体而不引起其他的变化。

根据热力学第二定律，我们可以得出在绝热条件下，体系趋向平衡的过程将使体系的熵出现增加，所以 $dS \geqslant 0$，这也就是说孤立体系的熵永远不会减少的。绝对意义上的孤立体系是不存在的，但是那些体系与外部环境相互作用相对较小的，就可以被近似地认为孤立体系。熵函数涉及大量粒子的集合行为，$S = kLn\Omega$ 就是著名的玻尔兹曼方程，其中 k 是玻尔兹曼常数，而 Ω 是热力学概率，该方程表明了热力学的熵就是大量粒子的集合运动的宏观统计结果。

上述方程将热力学的熵与统计力学的概率联系起来，成为统计热力学的基础。例如，将四个小球放在两个盒子中，四个小球出现在一个盒子中的概率为2，这意味四个小球可以同时放在盒1当中，也可以放在盒2当中，而每个盒子均匀有两个小球的热力学概率就是6，也就是有6种微观的状态数。任何一个体系总是按照热力学概率最大的方式来分布的，这就是熵产生和无序化的具体表述。

相关的等几率原理也正是由玻尔兹曼提出的，该原理认为：对于孤立平衡体系来说，体系的任何可能的微观状态的表现几率是相等的。建立在等几率原理基础上的平衡统计理论是经过长时间的实验检验的。经过了多年的理论与实验研究的发展，以下有关热力学第二定律的表达式正在被广泛地接受，也就是：

体系的熵增加的过程可以分解为体系内部不可逆过程所引起的熵产生，以及体系与外部环境之间的交换所引起的熵流两个部分，对应的公式就是：$dS = d_iS + d_eS$。适用于任何宏观体系的正熵产生原理：$d_iS \geqslant 0$。

正熵产生原理适用于孤立的宏观体系，封闭的宏观体系以及开放的宏观体系，因此该原理又被称作是普适的热力学第二定律数学表达式。而上述表达式 $dS = d_iS + d_eS$ 的一个重要意义就是将体系内的熵产生过程与体系外的能量或秩序的交换联系起来。

在克劳修斯的论文中，曾提出：第一基础定理，在我所给出的形式中，断定所有在自然界中的转变可以按一定的方向，就是我已经假定是正的方向，而不需要补偿地自发进行；但是相反的方向，也就是负的方向，就只可能在同时发生的正向变化的补偿下进行。这就是现在被我们称作的“热力学耦合”。

对于仅包含正向的自发过程的宏观体系，就被称作是简单的非耦合体系；传统教育中所接受的经典热力学仅仅适用于简单的非耦合体系，而一旦体系内的熵产生和过程中的熵产生出现不等的情形，经典热力学家就把相应的过程称为“违反热力学第二定律”的，而这种思考逻辑正是建立在经典热力学思考哲学基础上的传统经济学的软肋所在。

这种思考逻辑同样也是上述传统经济学中的公共物品与私人物品严格定义中所曾使用过的，因此，运用该类思考逻辑解决资本市场运行机制问题的过程中，就出现了大量的无效的经济政策或措施。

在上述克劳修斯的论文表述中，我们清楚找到“正”向的自发过程与“负”向非自发过程，因此对于复杂耦合体系的现代热力学第二定律的数学表达式就可以改写为 $d_iS = d_iS_1 + d_iS_2$，其中 $d_iS_1 < 0$，代表非自发过程的熵产

生是负值；$d_iS_2>0$，代表自发过程的熵产生是正的；经过非自发过程补偿的体系的熵 d_iS 则不可能为负。

回到现实的由有机生命体构成的人类社会，对于涉及人与人在社会中的分配与竞争的政治、军事内容等在很大程度上可以归结为前面我们所论述的“逻辑斯蒂方程”方程的“离散”模型：$N_{t+1}=N_t\ (1+r\ (1-N_t/K))$，其中 N_t和 N_{t+1}是相隔一年的两个群体数，r 为特征出生常数；此时，r 的参数值位于 2 - 2.444 时，也就是我们将依次可以得到两年为周期的涨落行为，其后是 4 年、8 年等的涨落过程，而当 r 大于 2.57 时，整个生态行为则只能被描述成混沌状态的。

在上述涨落所构成的周期，这包括较小经济单位的利益调整、部分地区和国家的竞争与冲突以及王朝更替等的周期性发生的过程，对这些过程的分析需要更多的非平衡态参数的介入，而资本市场的运行机制更多的情形是在常规形态下展开的，因此，我们先将焦点集中于人类社会这个有机的宏观体系趋向非平衡定态的情形，这也就是当 r 的参数值在 0—2 之间时的情形。此外，前面涉及人口增长的分析过程已对该参数范围的选择提前进行了论证。

在人口有序增长的条件下，宏观经济体系中的标准人在耗散体系中产生的实质性作用有以下内容：对自然资源所蕴涵的“能量”或“秩序”进行收集或加工，将其转化为人自身可以利用的“能量”或“秩序”，而这些“能量”或“秩序”必须可以在特定的时空中被贮存或保留，以满足不同时空条件下人的各类需求。

而包括人本身以及人所构成的群体、社会和国家，都在不同层级上构成了各类型的有机耗散经济结构，这也就意味着需要持续不断的“能量”或“秩序”，来维持这些耗散体系的“熵产生”过程，也只有通过体系内持续的“熵产生”过程，才能为体系内“负熵”的产生创造条件，以避免整个耗散体系趋向平衡态，也就是避免按照热力学概率最大的方式来分布，而最后一句话的含义就等价为“从耗散中产生有序”。

这样在人、人群、社会和国家这些耗散经济结构体系中，本质的运转过程就分为了三类：第一类是体系与外部体系所构成的环境之间进行的“熵流”交换或沟通，这是“能量”和“秩序”的交换过程。第二类就是体系内的“能量”和“秩序”的耗散过程，也就是“熵产生”，这一不可逆过程在推动体系向着自发的方向演化，向着热力学概率最大的方式也就是体系的衰败和崩溃迈进。第三类就是“负熵”的产生过程，这就是人所构成的有机耗散体系能够维持其自身运转的核心源泉，是体系利用大量的“能量”和“秩序”的消耗，来转化为削减体系目前已经出现的“熵”的能力的过程，这一能力的高低决定了该耗散体系在时空中存续的广度、深度和长度。

因此，对人们所置身其中的有机耗散经济体系，外部环境必须具有可持续利用的“能量”或“秩序”，内部则必须具备将这些“能量”或“秩序”有效地转化为自身可以利用的“负熵”

的能力或禀赋。对于任何一个体系来讲，如果外部的“能量”或“秩序”是可以免费获取的，则各个体系之间就不存在需要交换的“熵流”，则构成交换价值的财富在体系之间并无存在空间。

但是进入私有制以来，存在各类经济体系的外部环境中“能量”或“秩序”就被归属于那些最早、最近且最强势的经济体系，而人的需求是多样性的，对同类“能量”或“秩序”的边际效用递减的原则在这里是适用的，因此，使得交换产生价值，这样不同的经济体系间通过交换各自所擅长或所享有的物品，就可以实现对更广阔空间的“能量”或“秩序”的持续利用。

这样能够最有效地为周围体系提供“能量”或“秩序”的经济体系，就可以拥有获取最多的交换价值的潜力，这些获取或未获取的交换价值如果超过其自身的使用需求，就构成了体系间的“财富”，因此“财富”在这里的真实功效是获取“熵流”，也就是获取“能量”或“秩序”的能力。而那些仅仅维持其自身基本的“熵流”需求的体系将处于零财富状态，那些难以持续维持自身“熵流”需求的体系，就自然遵循着沿着迈向热力学概率最大的方式演化，尽管该体系可以“负财富”的状态延长自身存在的时空范围。

从上述角度来看，“有机宏观经济体系”维持自身宏观非平衡定态的能力或潜力，就构成了各类体系间“财富”的第一层含义。因此占有别的经济体系所缺乏的“能量”和“秩序”，控制“能量”和“秩序”自发过程的进展，掌控别的经济体系获取“能量”和“秩序”的通道，使体系自身的禀赋或能力的交换价值最大化的动机，来最大概率地保障自身体系的宏观非平衡态的稳定，就成为各个经济体系积累“财富”的动力机制。

这种机制中本身就蕴含了为确保机体本身最大概率的非平衡定态，而产生了对“过度的冗余性”的“能量”和“秩序”的不合理需求，因此，财富的第一层含义是缺乏效率的，特别是在外部“能量”和“秩序”资源充足的条件下，各个经济体系仅仅由于禀赋差异而展开交换所形成的财富积累，本身就是一种无自发过程的“熵产生”过程，因此拥有此类财富的经济体系无法产生“负熵”。

当各个经济体系所处的外部环境中的“能量”和“秩序”资源形成约束或瓶颈时，这也就再次涉及到上面所提到生态学中的“逻辑斯蒂方程”。该方程所描述的是含有 N 个个体的群体的进化，方程公式可以写成 $dN/d_t = rN\ (K-N) - mN$。其中 r 和 m 是特征出生常数和特征死亡常数，K 是环境的“运载能力”。无论 N 的初值是何值，随着时间的推移，它将达到稳恒态值 $N = K - m/r$，当达到此值时，在每一瞬间，死亡的个体与出生的个体同样多。

在这样的外部约束下，上述为保障体系维持非平衡定态最大概率的第一类财富，就受到了冲击。这是因为，不同的耗散经济体系拥有不同的“熵产生”过程，也就是说具有不同的“能量”或“秩序”的时空需求结构。在同等外部环境的约束下，这些时空结构将决定着该类耗散体系对“能量”和“秩序”的时空供应分布状态的利用效率，而那些能够与外部环境的“能量”和“秩序”供给的时空分布相匹配的体系，就可以获得体系间的竞争优势。

在同样的外部约束下，拥有竞争优势的耗散体系将占据更多的外部空间，进而在其内部结构最适合的时空条件下，实现生态学“逻辑斯蒂方程”中所提出的稳恒态值，而那些对外部的“能量”或“秩序”的时空分布约束匹配较差的耗散体系，将只能在更为特定的时空条件实现弱势的生存。

这样就形成了具备不同量级的耗散经济体系，各自在自身效率所匹配的不同量级的空间展开活动，直观地看，能效高的耗散经济体系似乎已不需要能效低的耗散经济体系的存在，但是，如果将各类“能量”或“秩序”对于不同体系维持非平衡定态的功效存在比较差异的特性考虑进来，则处于不同量级的耗散经济体之间就还是存在具有交换价值空间的，因此，这种比较优势所构成的交换价值，就构成了第二类财富。

这类财富形成的本质原因是：各类“能量”或“秩序”时空分布的不均，在不同的体系内尚未实现热力学概率最大而造成的。第二类财富可以使量级较高的耗散经济体系从外部环境中汲取更多的“秩序”和“能量”，这些“能量”或“秩序”是其单一体系无法充分利用的，而量级较低的耗散经济体系则可以从量级高的耗散体系中获取“熵产生”效率提升而带来的交换价值。

第二类财富是具有积极意义的，它促成的整个外部环境约束下的不同耗散经济体系间类似和谐的一种共存状态，这就是说只要某一体系对外部环境中的“能量”或“秩序”有着不同的时空需求分布，则该体系就可以为更高量级的体系提供可交换的“能量”或“秩序”价值空间；或者这种理论也可以应用到耗散体系本身，也就是如果该体系能够提供不同的“能量”或“秩序”，则对量级更高的体系来讲，用自身冗余的“能量”或“秩序”与其进行交换是有利的。

这样在不同的经济体系中，由于“标准人”的定义的时空条件不同，他们的能力、天赋、技能、忍耐力、细致性、本土适应性、风险承受力、提升自我的潜力是不同的，因此在不同经济体系之间，仅仅由于“标准人”的内涵的不同，就可以产生不同体系之间的巨大的“能量”或“秩序”的交换空间，而这也正是体系与体系之间财富价值的形成原因。

这似乎在预示着财富源自于多类耗散经济体系间的差异，而如果不存在不同量级的耗散经济体系彼此之间的“秩序”，也就没有第二类财富的产生。因此，从第二类财富的内涵来看，它是具备积极推进各类耗散经济体系走向多样化与和谐性的先天倾向的，因此是一种具有建设性意义的事物。相较于第一类财富偏重于对“能量”或“秩序”的冗余性储备的内涵，第二类财富则更加注重了对“能量”或“秩序”的多维度、跨时空的充分利用或转移，因此，它对于丰富整个宏观经济体系非平衡定态的内涵是有着更重要作用的。

在外部资源未形成约束的条件下，第一类财富是有一定存在价值的，因为它充分利用了体系间的不同时空所形成的交换价值，而当资源逐渐成为各耗散体系的外部约束时，第二类财富就形成了对第一类财富的有效提升或替代，它充分利用了不同体系内部结构的时空差异的交换价值，从而实现了更高维度上的资源利用效率。

如果说第一类财富涉及的是体系与外部环境之间的“熵流”，第二类财富涉及的是体系与体系之间的结构性“熵流”或是“熵产生”，则第三类财富的来源就是“负熵”产生的过程。这是三类财富中最高层级，也是最精妙和复杂的环节。首先我们来看一下第三类财富产生的过程。

当外部环境的“能量”和“秩序”成为约束时，那些拥有最符合外部“能量”和“秩序”供给时空分布的，“负熵”产生效率最高的宏观体系，往往可以获取更多的外部空间资源，实现自身的复制或扩张，进而，这些本质相同的耗散经济体系之间的竞争将开始凸现。这种体系间的竞争是最具效率的一种竞争，它直接提升着体系对“熵流”的利用效率。

在这样的竞争环境下，那些能够在自身体系与外部环境的“熵流”与内部体系的“熵产生”相互作用和影响下，最高效产生体系内“负熵”的耗散结构，就可以实现在更为苛刻的外部约束条件下的“宏观非平衡定态”，这是任何一个有机耗散结构能够自我升级的核心环节，这个复杂的过程也被定义为热力学耦合过程。

第三类财富是宏观耗散经济体系中最精妙的一类财富，它的形成是在体系自发趋向热力学最大概率存在状态的过程中，通过与外部环境的“熵流”相互作用，而形成的一个产生体系内部“负熵”的过程，也就是逆转体系趋向热力学最大概率存在状态的过程，这一过程是创造“能量”和“秩序”的过程，因此它是一种创造或储存交换价值的过程，因此是一种创造财富的财富。

这种财富的产生，将可有效减少第一类财富寻求经济地租的空间，加速第二类财富在不同耗散经济体系间的形成速度，因此是可以创造第二类财富的一类财富。特别是当所有宏观经济体系的集合所构成的总体系面临外部性约束时，第三类财富将取代前两种财富。

一个宏观经济体系演化到一定时空条件，其内在可利用的“秩序”或“能量”是一个常数，这正如上面的生态学“逻辑斯蒂方程”中的稳恒态值的出现，体系的承载量达到了极限的时刻，那些可利用不同时空分布“能量”和“秩序”的耗散经济体系，就面临着彼此间恶性竞争的局面，这意味着对“能量”和“秩序”的时空分布存在过度刚性要求的弱势体系将面临竞争出局，而依靠第一类财富维持自身保持定态的体系则最先被体系间的竞争所淘汰。

在“能量”和“秩序”的时空分布形成外部刚性约束的条件下，只有那些有能力形成不同类型“负熵”的耗散经济体系，才能创造新的“秩序”和“能量”的时空分布，从而创造新的宏观耗散体系，这是整个宏观经济体系实现在更高效率上运转的必要条件。

依据上述分析，我们提出，整个宏观经济体系中，当不同量级的“标准人”的劳动量的交换价值，等于其各自在其所处时空条件下的标准化的合理需求时，整个宏观经济体系才能实现最高的运转效率；支撑这一结论的根本原因是，人是所有宏观经济体系中“负熵”最有效的创造者，或者也可称作是最有效的载体。而宏观经济体系最高效率的实现，意味着第一类财富的消逝，意味着第二类财富内涵呈现迅速变化的特征，意味着第三类财富的根本源泉，也就是人的创造性将展现其持久的非平衡定态特征。

刘易斯拐点与宏观经济体系的相变

刘易斯拐点，特指在工业化的过程中，劳动力由过剩转向短缺的转折点，也就是从事农业生产的劳动力向非农业生产领域转移的过程中，农村富余劳动力出现枯竭的临界点。我们以此来引出一个类似的概念，这就是不同宏观经济状态“相”之间的临界点。人们在不同的生产性领域或非生产性领域中的存在状态，可以定义各类的宏观经济状态中的“相”，不同的相位之间有着明显不同的状态值，而“相变”发生的临界点就是刘易斯拐点。

人们的劳动所能提供的产品有两大类：一类是其所付出的劳动量在未来一

段足够长的时间内，可以换取需要等量劳动投入的产品，这里的等量劳动包含因各类“经济地租”因素所形成的虚拟劳动；另一类产品尽管人们为其付出了劳动量，但该类产品的消费需要在生产的同时进行，因此，产品基本上不具备延长自身交换价值的能力。在本节，我们暂且不谈及第二类劳动产品。

第一类劳动产品，我们可以将其称作“可延迟交换价值产品”，该类产品进一步又可以划分两类产品，一类是与耕地、矿藏、渔业、林地、草场等资源地租相关的产品，这类产品的交换价值由最后被投入使用的各类资源上的单位产出所需的劳动量所决定。

总体来看，这类“可延迟交换价值产品”中蕴含了大量的虚拟劳动的成分，我们可以农业为例来进行论述：当人口出现显著增长，农业类技术进步的相对不足，最后被投入使用的资源产出效率难以迅速提升的条件下，农耕领域中的技术瓶颈、运输便利条件等，就可以在特定的时空条件下寻求最大化的经济地租利润。因此，在“可延迟交换价值产品”中，在满足了标准劳动者合理需求后的交换价值剩余所形成的财富，属于耗散经济体系中的第一类财富，并是一种低质量和低效率的财富。

但是，在较短的期限内，第一类财富的形成，给整个经济带来的直接影响作用却是迅速的经济景气：土地的年租提升，将导致耕作类土地的市场交换价值上升；质量较差的耕地等资源的投入，意味着交通便利的寻租空间迅速提升，而那些位于城市中心较近的土地或房屋价值被拉升；土地产品提供者，通过交换可获取大量的虚拟劳动量所形成的价值，这些交换价值可以用来占有、交换或控制更多的劳动量，进而从事其希望的活动。

低质量和低效率的财富总量的扩大，使得人们倾向“炫富心理”的偏好日益显现，精美的衣物、家装、艺术品、奢侈品等购买需求被上述的财富扩张过程所提升，因此，第一类财富使得“资源类地租权证”与“炫富心理类权证”，以及两类权证作为两极所形成的光谱之间的各类物品的交换价值得以提升。

第一类财富在短期内，可以诱导人们从事更多的消费和投资，是一个正反馈环的出发点，但是我们应该看到这些被拉升交换价值的物品，其共同特征是真实的使用价值在下降，而社会心理功能属性在提升。可以举一个例子来说明问题：鲍鱼、燕窝是中国人眼中昂贵的精美的食物，其稀缺性常使食用者自感尊贵，但从营养学家的角度来看，鲍鱼、燕窝却是一种低级的，成分功能单一的食品，缺乏有机体所需要的各类原料。

那些“炫富心理权证”类物品，所能提供的是满足人们社会心理需求的一种服务性质的价值，也就是说他们并没有承载太多真实的使用价值，来满足未来标准化的劳动者随时需要的“能量”或“秩序”。工业革命初期的农场主，经常将自己的农作物产出或是土地，去换取了一些当时尚稀缺的、精美的化工塑料制品，包括艺术挂件或饰品等，但是经过一段时间以后，他们却发现这些起初昂贵的稀缺的工业制品的交换价值竟然会变得如此低廉。

应该看到，那些能够保持稀缺特性的奢侈品、艺术品、高端住宅等“炫富心理载体”是可以跨越经济不景气的过程，在下一波经济繁荣中实现其高昂的交换价值的，但前提是人类社会中的某类变化是否可以为各类资源寻求经济地租再次创造更高的空间，也就是再次创造大量虚拟劳动量的产生过程。

这就使得人们去思考，引起宏观经济体系发生状态改变的，除了“人口增长”外，是否可以将旱灾、水灾、火灾、地震等气候或地质变化等考虑进来，因为这些变化所导致的结果与人口增长有相同之处，这就是经济体系中标准劳动者的合理需求与其产出，在时空上出现了显著的不匹配的状态，或者也可说成是：特定的变化使得特定空间资源的经济地租寻租空间凸现，同时不确定性驱使人们的投机行为加重，导致整个经济体系中资源地租类财富的交换价值被拉升。

气候或地质变化的实质结果是拉升了经济体系中第一类财富的总量，也就是创造了更多的虚拟的劳动量交换价值。它们与人口增长的短期效用有类似，并成为以资源地租为主的宏观经济体系的“相”渐进变化的主要驱动因素，当这些因素导致的供需缺口超过5%以上时，按照经验，体系中的财富价值状态将出现显著的变化，也就是发生相变，这对资源有限的经济体系能否维系有着致命性的影响。

耗散经济体系中的第一类财富的低质量，体现在其随时间而耗散的特点。这类财富的产生来自于短期内人口的增加或是可有效利用资源的变化，这些变化对整个经济体系形成了冲击，而冲击提升了资源的寻租空间。但是随着时间的过去，异常的气候变化、地质灾害等造成的不利影响将会渐渐消退，人口的迅速增长将被更多的资源投入所匹配，因此一定时间后的经济体系将从非平衡宏观态转移至一个新的非平衡宏观定态。

所以，短期内由于各类经济地租寻租空间提升所导致的财富提升，将在较长的时间窗口内以一种隐匿的方式被耗散掉，而体系内的财富总量也将趋向一个新的平衡值。这一过程就是上述正反馈过程的一个逆过程，人们往往会看到迅速创造出的新财富在更短的时间窗口内出现坍塌。尽管经验丰富的投机者在这种过程中往往可以规避风险，但整个经济体系的交换价值将不可避免地被耗散。人们主观希望恢复前期经济景气状态的努力，将造成一波又一波的景气振荡，最终在较长时间窗口上完成财富价值确认。这就是以资源地租为主的宏观经济体系相位的演变过程。

在第一类“可延迟交换价值类产品”中，我们将其划分为两类产品，一类是与耕地、矿藏、渔业、林地、草场等资源地租相关的产品，这类产品的交换价值由最后被投入使用的各类资源单位产出所需的劳动量所决定；另一类产品就是依存于资本、机器或制造技术的工业类产品。

人们的生产活动以农业为主向工业生产为主的转变进程中，经济体系内的状态变化是最剧烈的。这是因为，农业生产依托的是外部环境中的“秩序”

或“能量”，劳动投入的产出主要是用于满足自身基本的生存需求，人更多的参与过程是遵循自然的规律，包括对皮毛、马匹、贵金属、建筑用林木等产品的加工制造也遵循同样的路径，这些活动未曾明显改变外部环境中的“秩序”或“能量”的转移过程，这些过程是生物与环境数十亿年进化演变而来的，其对“秩序”或“能量”利用效率已处于生态竞争中的较高层级。而工业革命则深刻地改变了人类生产活动的这一特征。

以蒸汽机为代表的工业革命产生之后，当时的人们不断追求着改进热机的工作效率，在这样的经济体系中，探讨热机工作效率最大化的卡诺定理就孕育而生。卡诺认识到哪里有温差，哪里就可以产生功的，热量做功的能力和用来实现做功的介质无关；他提出得到最大功的必要条件是所用来实现热做功的物体不应该有非体积变化的温度变化，反过来说，时时刻刻都满足这一条件时最大功就得到了。在建造热机时永远不能忽视这一原理，如果不能严格做到，就要尽可能地少偏离它。

卡诺的另一个重要思想是热机循环工作，热机在热流中做功以后又回到它的初始状态，再进入下一个循环，并认为可逆循环的热机能产生最大的功，否则就可以生成一个永动机，无限制地产生功而不需要消耗任何其他介质。卡诺定理的内容或结论是：所有工作在同温热源与同温冷源之间的热机，以可逆热机的效率为最大；卡诺定理是随着热机发展而产生的，其构思与设计非常巧妙。

热力学第一定理，所描述的是第一类永动机是不可能得到的，也就是指人们无法制造出不需要外部能量和物质供应而不断对外做功的机器，也就是能量守恒定律。而第二定律描述的是第二类永动机，是不可能得到，也就是上述卡诺定理中所提出的永动机。热力第二定律提出宏观体系中的变化在本质上不可逆的，发展似乎是沿着单一方向前进，其本质是“时间箭头”。

热力学第二定律是关于热或内能转化为机械能等能量形式以及机械能等转

化为热或内能的规律，它概括了涉及热等现象的过程具有自动选择方向的特性，沿着这种方向进行的过程可以自动发生，而不会留下其他的变化，这种过程被定义为自发过程。而与自发过程相反的过程就是非自发过程。例如，冰箱可以使热量从低温流向高温，这一过程就不是自发过程，留下的变化就是电能的消耗。

工业革命时期，人们对经济体系中起核心作用的热机效率的思考是深刻的，基于这些思考而建立起的以热机为核心的工业机器设备，就构成了与先前经济体系在本质上完全不同的宏观体系，这个体系可以通过人造的大量的非自发过程来实现各类新的“秩序”和“能量”的时空分布。大量的人造的非自发过程伴随着各种热机效率的进步或改变，在为人们提供着大量的前所未有的工业化产品，迅速改变了人们所生存的外部空间环境。

工业革命的进化仅仅几百年，这种进化与生态竞争中的进化相比还属于一个次要的量级，因此在工业化制造中所形成的“能量”和“秩序”的转化和利用效率是一个较低层级的，尽管在制造或生产总量上，工业革命使人们达到了前所未有的速度，但是在等量的外部“能量”和“秩序”的约束下，该类宏观体系中的各个环节的内在运行效率相较于传统的生态体系的运行效率却可能是退步的。

但是从人类的经济体系创造财富的角度来看，工业革命的作用是显著的。大量的热机所代替的正是各种初级的标准化的人的劳动；先前的各类需要人投入工作时间的操作可以被循环进行的各类热机驱动的机器所代替，这包括农田的播种、耕地、收割与加工工具，包括各类纺织机器的使用、蒸汽机车、电动机车及汽油柴油提供动力源泉的各类运输工具的使用以及各类精致的机床设备、冶炼设备、水泥制造设备、化工冶炼设备的使用。

这些所有机器设备在创造了大量的虚拟的人的劳动量的同时，也在扩大着宏观经济体系中标准人的定义内涵，人们对食物、衣物、交通工具及住宅等基本需求的内容发生了质的改变和提升。每一轮技术或发明的出现，在使得原有生产所创造的交换价值出现显著下降的同时，也是不断创造稀缺性市场产品从而获取特定经济地租的过程，这一过程就是机器设备所能提供的大量的虚拟的人的劳动的现实转化物。

尽管热机转化“能量”和“秩序”的效率低于生态竞争中的低耗散过程的“能量”和“秩序”转化，但是其简单粗放式的扩张能力，却可以迅速地将外部环境中的最便利获得的“能量”和“秩序”转化为可以具备交换价值的产品或服务。在外部资源和环境等因素尚未构成宏观经济体系约束的条件下，工业化大规模生产可以通过不断地提升产品制造技术，来自主地一轮接一轮地、去创造各类可以满足人们基本需求的产出品，从而一轮接一轮地创造不同内容的经济地租空间，这些经济地租空间兑现的过程就是工业生产为主的经济体系中财富的生成过程。

由于机器和技术的高耗散特征，大量的“能量”和“秩序”被更高频率地使用，尽管转化效率可能异常低下，但是工业企业主追去自身财富最大化的永恒动机，却在推动着整个经济体系不顾外部环境整体“能量”和“秩序”的供给约束，以最大可能的速度或频率去创造可以寻求最高经济地租空间的新型的虚拟的劳动，而这些虚拟劳动产出被市场吸纳后，就形成了大量的新的财富积累。

这里假设参与生产过程的标准化的劳动者的合理需求与其所提供的劳动投入实现相等，也就假设宏观经济体系的运行处于较高效率的状态。这里，我们未涉及人与人分配不公所造成的经济运行阻滞问题。

但是，我们可以看到上述过程中已经孕育出了现实经济生活中的各类不完全竞争模式，包括垄断、寡头和垄断竞争，这些不完全竞争模式下的产量较低，而产品交换价值却较高。对这些不完全竞争模式的分析过程，反映了工业革命后期的大企业利用规模经济优势，展开大量的技术创新活动，以实现财富最大化的市场运行机制。

从耗散经济学的角度来看，如果一个工业产品制造商能够通过某种途径来改变该企业提供某类产品的经济地租空间，则该企业就是一个“不完全竞争者”。这有几个关键的途径来实现：

途径一就是规模经营提升体系内“能量”和“秩序”的转化效率。如果该行业中，经济地租空间可以通过工业化生产的规模经营来实现拉升，则个体企业的最优规模与行业的整体容量，就决定了该行业的集中度，如果企业的最优规模在行业中的占比较高，则市场竞争的结果就是寡头垄断。工业化生产中的机器制造的高度可复制性以及集中生产的经济效益，为这类粗放式的“能量”和“秩序”的转化过程提供了一定程度上的效率提升空间。

途径二就是提升该类产品的稀缺性，在传统经济学中，当为数众多的企业生产一种完全相同的产品时，整个经济体系是一个价格接受的体系，任何一个企业相对于整个经济体系是如此之小，以至于不能影响价格。但是，以机器生产支撑的技术进步，却可以循环不断地创造新的产品，从而在替代旧有产品的过程中，实现某种程度的稀缺。这样经济体系中的产品提供商就可以通过建立各种生产进入壁垒、政策限制、专利保护、价格竞争策略，来实现通过提供有限的产品供给，拉升自身的经济地租寻租空间，从而创造更多的财富。

从耗散经济学的财富三类分类上来看，上述财富类型可以被列为第二类财富。但是，我们应该看到目前各类经济体系中，创造第二类财富过程中的“能量”和“秩序”的耗散过程是低效的，这种财富的不断生成是建立在更高频率上的“熵产生”基础上的。因此，与生态体系的“熵产生”过程相比较，这种经济体系是一种耗散程度更高的非平衡宏观态，因此体系内存在着巨大的改进空间。

但是，工业革命后的各类经济体系突飞猛进式的发展，使得全球范围的资源约束凸现，需要消耗大量外部“能量”和“秩序”的热机为依托的低效经济运行模式开始受到挑战，在各个地区真实的劳动投入与工业生产中的虚拟劳动出现了比较优势，工业体系中对劳动力的源源不断地需求，使得本可以蓄积大量剩余劳动力的农业经济体系也出现了人力枯竭的状态，这一发展过程的结果是劳动者报酬的整体提升。

因此，刘易斯拐点是工业和农业共同构成的经济体系发生相变的一个临界值，其本质内涵是要求经济体系提升自身的“负熵”产生效率，是对工业体系粗放式扩张的一种警告，是生态体系与工业文明之间竞争关系从水面下的首次浮现，而经济演化中的竞争是无情的，只有适合的模式才可以在更广开阔的时空内得以存在，或者说实现其宏观非平衡定态的延续，否则该经济体系就将趋于热寂的平衡态。

耗散经济体系间的合作、竞争与财富创造

任何一个经济体系中，在特定的时空条件下，其标准人的定义或内涵是一定的，这可以用标准人的工作能力、教育素质、忍耐性、承受压力能力、对基本生活需求的要求、家庭负担结构、有效工作年限等来定义的。一个体系内标准劳动者的定义或内涵是该经济体系的一个主要特征指标，另外的指标就自然资源禀赋、地理位置等。

从长期来看决定一个经济体系竞争力的是体系内标准人的整体状态，而自然资源禀赋和地理位置等因素则占次要的位置。在一个地区或国家内，该经济体系中资金的使用方向大致决定了勤劳或懒惰人员的比例。如果资源地租享有阶层，将更多的资金用于生产性用途，则整个经济体系中勤劳的人所占的比例就增多；如果更多的资金被用于非生产性用途，则非生产性劳动人员中游手好闲的人员就倾向增加。

在封建经济体系中，大地主的地租或利润较容易被积存下来，他们可以用来雇佣生产性的人员，也可以用来雇佣非生产性的人员，但总体来看，大地主们倾向于雇佣非生产性的人员，这些人员以家仆、门客、武士等形式存在。这是封建领主制下的秩序，是符合其经济体系运行的宏观状态。

劳动者在封建经济体系中很难有机会参与分享各类经济资源地租，他们的各类需求指标被压抑在简单维持的状态中。体系中剩余的部分劳动力则被赋予了"炫富心理权证"性质，这些不事生产的武士、门客，其存在的目的是为了维护一种既定的秩序。当社会中出现太多的剩余劳动力，而享有资源地租的阶层无法或不愿容纳其存在时，经济体系中的变革也就爆发了，于是新的秩序被组建。

工业革命后的宏观经济体系，在解决“标准人的劳动过剩问题”上取得了较大的进步。热机的广泛使用，使得资源的开发效率迅速提升，等量真实劳动可以产出的能源商品数量被迅速提升，意味着其真实价格的不断下降，因为凝聚其中的劳动量或虚拟劳动量在下降。因此，推广热机使用的过程，本身就是削减热机运行成本中的过程，并不断提升热机创造虚拟劳动的效率。

不同类型的热机在不同的领域的应用，使得不同经济体系所擅长的生产活动产生了差异，这种差异不断形成了各类比较优势。从耗散经济学的角度来看，比较优势有如下内涵：一个整体竞争力处于较高层级的经济体系（体系甲），由于自然禀赋、技术提升、规模生产、在位优势、地理位置等因素，形成了提供某种确定“能量”或“秩序”（A）的效率，该效率高于体系内形成另外一种“能量”或“秩序”（B）的效率，并且经济体系内部进入了宏观非平衡定态；而另一个整体竞争力处于较低层级的经济体系（体系乙），其提供前一种“能量”或“秩序”（A）的效率，要低于体系内形成后一种“能量”或“秩序”（B）的效率，且经济体系内部也进入了宏观非平衡定态。

在体系甲与体系乙之间，单纯地看各类“能量”或“秩序”之间似乎没有交换价值的空间出现，体系甲产生“负熵”的效率要高于体系乙，但是体系乙可专注于生产其擅长的后一种“能量”或“秩序”（B），并与体系甲进行交换，来获取自己相对不擅长的“能量”或“秩序”（A），从而实现在等同劳动投入条件下的财富总量增长。

在上述过程中，体系甲用自己更为擅长的“能量”或“秩序”（A）与体系乙交换，可以换取更多的“能量”或“秩序”（B）。这时，体系甲与体系乙由于各自内部的状态分布的差异，就构成了一种新的“熵流”；而两个体系所构成的共同体，也形成了一种类似线性宏观非平衡定态的结构，其中“能量”或“秩序”的交换是自发的，而“负熵”的产生效率也得以提升。

从这个角度来看，一个宏观经济体系中如果存在着不同类型的子体系，子体系之间如果存在着不同的资源禀赋、技术创新能力、教育质量，存在着不同的消费偏好和发展倾向时，不同的子体系之间就构成了不同的状态分布，这种不同的状态分布内涵越细致、越丰富，则体系与体系间的“熵流”空间就越广，而各个体系统利用正熵产生的过程，来创造负熵的空间就越广阔。

因此，在宏观经济体系外部“能量”或“秩序”供应有限或供给恒定的情形，通过提升各个经济体系内标准人的内涵丰富性，通过多角度的利用等量的“能量”或“秩序”，则在拥有不同层次或不同内涵“标准人”的经济体系之间，就可以实现一种和谐的宏观非平衡定态。其中，每个子体系都有机会利用其他体系所拥有的禀赋、资源、技术进步来维系自身体系的宏观非平衡定态，并在维持自身宏观定态的基础上展开“负熵”的创造过程，来实现自身的演化和提升。

根据上述内容，我们可提出两种创

造财富的途径，一是两个经济体系之间，利用各自的比较优势，通过相互协作、公平交换来实现整个共同体的财富提升，这是一种高效率的、高质量的财富创造过程；二是通过对立和不协作的关系，来实现不同体系之间的差异化的加深和扩大。

在后一种财富创造途径中，财富的创造过程，是通过拉升经济地租空间来实现的，也就是通过设置苛刻的政策壁垒、受控制的供给渠道和数量、技术转让限制等，来实现弱势经济体系对强势经济体系中部分“能量”或“秩序”的需求，因为后者提供同等“能量”或“秩序”所需投入的标准劳动是处于较高量级的。在这样的财富创造过程中，不同体系间的物品交换价值，是由弱势群体的产出劳动量投入决定的，因此，这种财富是低效率的、低质量的。

但是，在上述对立和不协作的经济体系中，也孕育着更优质的宏观经济体系的“秩序”或“状态”的演变可能，这是因为：从长远来看，这种竞争和不合作，可以看做是人类经济体系实现自身的子体系存在状态丰富化的重要途径；通过非合作型的竞争机制，人类社会所形成的宏观经济体系将具有更多的子体系存在状态，可以更有效的、更多维地去利用外部“能量”和“秩序”，从而实现更广阔和丰富的“熵流”及“负熵”，并实现体系在更广阔时空条件下的宏观非平衡定态以及演化提升。

这些分析中的一个基本逻辑是，自然规律是趋向热力学概率最大化状态的。人类文明的本质就是创造秩序：不同的人类经济文明，作为生态竞争中最有效率的宏观非平衡体系之一，是可以充分利用有限的外部“能量”和“秩序”，来创造更多、更新、更广维度的“能量”或“秩序”存在状态，来维系现有的宏观非平衡体系，创造更高层级的宏观非平衡定态，也就是可以“从耗散中产生有序”的。

任何一个经济体系内，工业制造的发展和进步，都将为人们提供更为丰富和廉价的产品，而体系内的人们也将可以用更少的劳动投入来获取所必需的生活用品，维持其特定的生活状态。因此，经济的发展将为人们从事那些非生产性的工作或活动，提供丰富的物质基础；这些非生产性的工作或活动中的一部分是用来改进体系内的教育质量、文化娱乐、治安与国防、环境及太空探索的，但是应该承认有一部分的工作或活动，是可以被贴上奢侈、享乐、浪费、妄为或不谨慎的。

体系内技术的提升过程，大量的经济地租所创造的虚拟的劳动所形成的财富，将导致较强经济体系内从事生产性活动的标准劳动者，相对那些从事非生产性的标准劳动者的同等劳动时间的交换价值出现下降，这是因为那些非生产性劳动或者具备“炫富心理权证”的特征，或者是可以用来创造更新更高层级的经济地租空间。

19世纪，曾经凭借海外殖民及国内“小业主”形态而形成强势经济体系的英国人，其后代在20世纪却倾向从事那些可以成为绅士的非生产性活动，包括金融资产、不动产、艺术品类的经营，最终导致了其世界经济主导权的丧失。而那些从英国来到美国的新教徒们，却将创造更新更高层级的经济地租的制度优势或能力，带到了资源禀赋丰富的北美大陆。这是一次典型的人们根据自己的节俭、勤劳、克己的不同倾向，以宗教信仰等为载体，而进行了一次工业文明不同路径的自发选择。

而在相对弱势的经济体系中，从事生产性活动的标准劳动者的劳动交换价值，相对于那些从事非生产性的劳动交换价值要高。这样在强势经济体系与弱势经济体系之间，就形成了上面所提到的通过交换而提升各自经济体系财富空间的实施条件。在过去一两个世纪中，我们曾经看到全球的制造业中心，由英国迁往美国，之后由美国先后迁往了日本、中国台湾和韩国，目前则转移到了中国。这就是不同的耗散经济体系间选择了相互协作，利用比较优势来提升各自经济体系的财富总量的过程。

在具有不同竞争实力间的耗散经济体系内，由于各自体系运行效率的不同，导致不同的宏观管理效率。在强势的耗散经济体系内，各种经济行为非生产性的耗散比例要比弱势经济体系中要低，具体可以反映在行政开支、投入产出比率、流通环节非市场性障碍等方面。而弱势体系内经济运行的耗散比例，通常其幅度远远超过了该体系与强势体系之间展开贸易交换所造成的非生产性的耗散比例。

因此，人们经常会看到在弱势经济体系中生产的物品标价，比其在强势经济体系中的价格要高出许多。而强势经济体系所擅长提供的物品，在弱势经济体系中也会出现价格远远高于强势经济体系的现象。

进一步，我们可以看一下在不同耗散经济体系之间出现竞争的情形。不同的体系演化造就了不同的“标准人”特征，各个体系中主流人群的意识形态、宗教和文化是存在显著差异的。在应对复杂的外部环境的过程中，人们形成了不同的体系运行秩序，而路径依赖的体系演化特性则加强了人类文明的差异化特征。

在各个经济体系，那些能够熟练驾驭和使用所处经济体系制度优势来寻求经济地租的阶层，是可以享受最多

"资源地租"分配权的人群，而这种熟悉制度的优势，在不同的耗散经济体系间是较难合法地换取经济地租的。因此，当差异过分显著时，不同的耗散经济体系间的竞争演化的结果，就是战争或是经济封锁。

不同的耗散经济体系间的竞争行为，使一些经济体系形成某种经济利益共同体。在共同体内，对各类资源、技术的交换途径通常仅设置较弱的壁垒，而对共同体以外的经济体系，则采用了差异化的垄断竞争策略。这些策略充分利用了对立经济体系内某类资源的稀缺特性，或是技术进步的高昂成本，从而最大限度地提升了本体系内该类资源或相关技术类产品的寻租空间，以此来实现财富的扩展。

货币、利率及产出分配问题

在理性的经济体系中，“标准劳动者”获取的工作报酬，对应的是自身或家庭在目前时空条件下合理需求的交换价值，储蓄的意义更多是用来满足大宗消费，例如房产等，因此一般不涉及通过转让货币来获取利息。而“资源地租享有者”和“资金经营者”，则更多地涉及资金的借贷与利率的偿付问题。

用来借贷的工具基本上是纸币或贵金属货币，人们习惯了借出货币，收回货币，因此对货币的实质含义的理解有一定程度的淡化。作为贷款人，其实际上出借的是自己对目前经济体系中的一部分资源或产出品的支配权，因此，货币是个转让权利的证书，而借款人如果是希望雇佣劳动力，则他实际借入的是劳动者所需要的基本生活资料和生产工具，如果借款人希望借款来进行消费，则他实际借入的是具体的商品。

在经济体系运行中，当借款人 A 从贷款人 B 手中拿到货币借款后，他通常会用来支付所需要的物品，这样货币证书从借款人 A 手中将转移到提供物品的货主 C 手中，货主 C 拿到这一支配权转让证书后，将可能将其贷给借款人 D，于是一轮接一轮的借贷和购买支付循环就可以展开，在有限的时间之内，同样的一笔货币作为转让支配权的证书可以出现多次。

这里我们可以清晰地理解，一个国家的产出是无法用经济流通中的货币来衡量的，无论流通中的货币总量是多少，人们在特定的时空条件下，这些货币所代表的仅仅是人们在目前的借贷循环频率下，对正在转让的物品交换价值的支配权证明。因此货币本身不具有保值功能，而货币总量、流通速度与经济体系可交换物品（单位）的货币价值，三者以类似热力学温度、压强与体积之间的函数关系，形成相互一种相互依存的存在状态。

这种严谨表述的依存关系，仅在宏观平衡态中存在，其适用范围有限，可以看做是耗散经济体系的一种特例。一旦注入“标准人”存在状态的时空变化因素，上述表述关系将需要加入更多的变量或参数。但是这种依赖宏观静态的、可逆条件的关系式，却可以帮我们厘清一些模糊的概念或关系。

任何一项借出资本，即任何一份对资源或产出控制权的转让，都期望其货币权益将等比例地从劳动或资源地租实现过程得以偿还，并获取增长过程中权益分配。当资金贷出后，资金的经营者如期完成其业务活动，并实现资本的增值时，我们将看到经济体系中用来贷出收息的资产数量不断增长。

当“资金经营者”利用资金，雇用劳动者展开经营业务时，无论是通过技术创新、成本控制还是规模优势，企业获取了足额资本回报后，应先向所雇用的劳动者支付合理报酬，19 世纪现实的企业运作过程表明，这一过程真实表现是充满剥削特性的，也就是“资金经营者”在没有外部约束的情形下，通常会像劳动者支付最可能低的工资报酬，而将剩余的交换价值转为资本。

从短期来看，“资金经营者”或其股东通过货币分配的形式占有了更大比例的社会产出，这些产出中的一部分本应由劳动者获取，并用来支付自身或家庭的基本需求，但是分配的不公，使得对这些产出的支配权落到了资金经营者或是资金借贷者的手中，表面上资金的利息回报也就得以迅速的提升。当短期内生息借贷性质的资产实现增长时，可以用来借贷的资产数量会变得越来越多，这是一个加速循环的过程。

当用来借贷的资产数量出现快速膨胀时，由于劳动者的报酬被压抑在最低的需求状态，这些资产能够支配或控制的劳动量就达到了空前的规模，但是用于借贷或投资的资产用来支持生产的目的是向消费者提供满足其所需的产品，劳动者的需求被压抑在了最低层级，而

"资金经营者"与资金借贷者的消费占比又是相对较低的，因此，整个宏观经济中的大量产出，尽管可以用来占有或支配大量的劳动力，但是却因劳动者需求的缺乏而呈现为闲置或浪费状态，因此就出现了众多的无效的生产活动。

过度的资本投入，加上不合理的工资报酬分配机制，就形成了一个短期可以创造巨额财富的经济体系，这些体系可以支配大量的廉价的劳动力；但是从长期来看，由于市场需求的缺乏，上述迅速攫取财富的过程，也正是毁灭财富的运行机制。无论该过程的规模经济、技术提升或成本控制达到了何种高度，最终，由于资本和产出的过度供应，导致了那些贷出取息者只能收回更低的利息，甚至是负利息；这时，他们在社会产出中的支配权总量未实现增长，但是其占比却有可能出现提升，因此，这种耗散经济体系具备着维持其自身存在的动力机制。

上述就是 19—20 世纪许多大型垄断企业的经营手法，按此长期经营的结果是劳动组织与公司企业之间的激烈冲突与对抗以及企业家巨富的出现。在这样的过程中，还是出现了一些有远见的公司或国家，开始为劳动者提供社会保障或合理的劳动待遇。福特公司就是高工资、合理工作时间以及“消费经济”的倡导者，并成为第一家明确提出劳动者的合理报酬应与其所处时空条件下的合理需求相吻合的企业，也就是“制造福特 T 型车的人应可以买得起 T 型车”。劳动报酬改制前，该企业年利润仅 1000 万美元，改制后，福特公司的年利润达到了 3000 万美元，这反映了福特的决策是理性的选择。

宏观经济的高效运行需要经济体系中的“标准劳动者”的合理需求等于其劳动量的投入；没有支撑财富构成的“标准劳动工作”交换价值内涵的有效提升，就没有该经济体系各类产出的交换空间和实现途径，而整个经济体系的产出价值将只能体现在富豪经营阶层的炫富消费或慈善反哺当中，形成一种恶性循环的反馈环，大公司的行为愈发不受外部环境的约束，而制度和法律则成为他们的工具。

技术进步则成为大型垄断企业进一步向更广阔的经济体系寻求经济地租的利器，更多的资源中所蕴藏的“秩序”和“能量”以更低的成本转移到经济体系中，来取代正常的“标准的劳动”。通过加大“秩序”和“能量”的消耗频率，人的劳动空间被各类低成本的机器所替代，并进一步形成更多的剩余劳动力。

当劳动者的失业率超过10%，就是垄断企业可以自行决定“标准劳动时间”交换价值的时刻。应该看到，在矿石资源类供给中，5%的供给缺乏意味着矿石资源所有者可以将其价格以20%—100%的幅度提升，但是在劳动力市场却很难出现这种情形。

在上述所提到的财富创造过程中，尽管短期内人们看到的财富是以高速度、高频率的形式诞生的，但是从长期来看，这种财富需要大量的新的“能量”和“秩序”来维持，呈现出高耗散特性。因此，在人力劳动存在显著过剩的经济体系内，存在着通过高频率地消耗外部有限的“能量”和“秩序”

的过程，存在着用一种低效率的熵流来替代生态系统竞争中所形成的高效率的“负熵”创造者的情形。

产生这种现象的原因是：“资金的经营者”或“资源地租享有者”所主宰的社会经济分配机制中，“标准劳动者”的正常工作投入并未获取其在目前时空条件所应获得的劳动报酬。这些劳动报酬应可用来使其自身、家庭以一种理性的、体面的方式存在于整个耗散经济体系中，这意味着在获取外部“熵流”的过程中，“标准劳动者”及其家庭应有足够的“熵产生”为依托，来实现其本人及家庭这种小型耗散结构的“负熵”，而这就是人自身的演化和进步过程，是整个社会财富得以物质化的根本依托。

前面我们曾谈到：人类通过劳动将原材料转化为满足自身需求产品的过程可以看作是一个复杂的化学兼物理类的反应过程，货币作为“投资工具”所形成的宏观经济体系则可以看作是一个“反应耦合”；反应耦合的实质内涵是：一个需要能量输入的非自发反应或过程，需要在另一个处于同时空条件下的能够提供能量的自发反应或自发过程来推动。而“利率”的真正含义，则是实质性地反映出了在货币体系中非自发反应与自发反应之间的相互影响力的效率，并以反向指标的形式存在。

社会分工与劳动产出相互紊乱匹配的结果就是扭曲了劳动产品的时间价值，进而扭曲了蕴涵在原先货币中的“时间价值”，这样造成了无效的货币成分，而弥补这种无效的途径就是需要注入新的劳动量，这意味着“熵产生”，或者通过获取新的“熵流”，也就意味着新的技术革新等事物，来维持原有的宏观经济状态的持续进行，维持货币体系这一非平衡宏观态的继续。而这也就是货币体系中非自发反应与自发反应之间的相互影响的利率实现过程。

上述垄断型企业通过压低“标准劳动者”合理需求的方式，本质上是对社会分工和劳动产出匹配过程更深层次的扰动，其所造成的体系紊乱或是无效的交换价值数量级别更为显著。尽管可以通过更高频率地消耗“能量”和

"秩序"，来弥补这种体系紊乱或无效价值，但是整个耗散经济体系中非自发反应与自发反应之间的相互影响效率是低下的。

利率是"负熵"产生效率的反向指标，因此，在廉价劳动支撑的垄断资本利润中，资金的利率水平往往是相当高的，但这种高利率反映的是低效率的"负熵"转化过程。一个现实的指标就是：巍峨高大的帝国大厦下，掩藏的是衣着褴褛的劳动者；社会财富被畸形地分布到了那些并无太多实际使用价值的"炫富心理权证"之上。但是，也应该看到，垄断资本在降低产出成本、提升技术水平中的显著作用，在由农耕经济向工业经济转型的过程中，它所客观造成的人们整体的节俭和勤奋，为后续整个经济体系的更好的发展奠定了基础。

在货币与利率之间关系，有一个问题需要澄清，就是当货币总量增长时，也就是当贵金属的开采量增多，或是货币的发行量增大时，如何理解利率的变化问题。对这一问题我们可以从两个角度来看，一是借贷合同；二是整个经济体系的借贷回报率。

从单一的借贷合同来看，将资源或劳动量的支配权出借的贷款人通常是以某种货币的数量来定义借贷本金的，相关的利率也是以同类货币来计算，所以这种借贷合同中隐藏了一种假设就是，货币所能支配的资源或劳动量内涵在借贷合同过程中不会发生变化。这一利率的实质是现代银行所发行债券的票面利率问题，它并没有真正反映市场中利率回报水平，因此，对它的处理并不复杂。

但是从整个经济体系来看，增加了货币供应，但是它所对应的市场中流通的商品的数量却保持不变，因此，唯一变化的是对应的货币的价值的下降，而所有商品名义上的价值可能要增长一些，但实际的交换价值却和以前一样。尽管商品交换到的货币数量有所增加，但是，这些货币所能支配的劳动量同以前是一样多的。付给劳动者的货币工资也将有所增加，但是，这些货币所能购买的物品还将和以前一样多。这种规律在耗散经济体系处于宏观非平衡定态条件下是成立的。

但是，在宏观非平衡态条件下，例如在体系中货币的流通速度突然停滞或减慢的时期，上述货币总量与流通体系中商品的总量对应关系就出现了变化。例如，在出现异常的经济恐慌时，经济体系中的参与者无法判断如何使用手中的货币才能实现保值的时刻，人们对流动性的偏好，将使利率的内涵发生改变，这时的人们愿意将货币借贷出去是认为被借款的一方可以利用这种支配权产生足够的回报，来维持出借人对整个经济产出中的现有支配权状态。

但是，经济持续的衰退往往使大多数人失去维持自身支配权状态的能力。在这种情形下，尽管表面利率水平往往已接近于零，但在整个经济体系中借贷总量占比却异常的低；从更长的时间窗口来看，货币的流动性偏好，将使得那些随时间而出现交换价值耗散的经济产出退出流通环节，体系内的并无“负熵”产生过程，不存在真实的“利率”概念，所谓“负利率”仅仅是一种人为的计算方式，是对趋向宏观平衡态的耗散过程的描述。

上述过程将导致货币存量与流通速度的乘积，所对应的资源或劳动量支配权的持续下降，由于货币存量未发生改变，需要迅速调低得就只能是流通速度。进而，整个经济体系也将进入趋向平衡态的过程，这就是耗散经济学对“流动性陷阱”的解释。解决该问题的唯一途径是：将体系内“标准人的合理劳动”与其个人和家庭的合理需求相匹配，通过人自身的有效提升或是“负熵”产生过程，来实现较低耗散条件下的经济运行。但是，这往往意味着深刻的社会变革，是对“资源地租享有者”和“资金经营者”现有资源支配权力的一种迅速转移，因此往往面临着重重阻力。

经济投机泡沫、大萧条中的耗散结构分析

人是一种复杂的耗散结构；过去几百年中，尽管人们经历了较大的经济环境变迁，但是一些基本的行为或情感特征基本保持稳定；这是因为漫长的人类进化过程的所形成的行为情感秩序，是短短数百年经济飞跃发展所无法改变的；况且工业经济的真实“负熵”产生效率是处于退步状态的。但是，应该看到：人们那些较为稳定或趋同的行为情感秩序，在宏观耗散经济体系的演变中，往往起到了关键路径选择的作用，因此，我们需要对“标准人”的行为情感秩序给予重视。

先来看一下人们对他人的挫折类或

喜悦类情感的感受程度。悲伤是人们一种非常强烈的情感，通常人们对他人悲伤的情形更为包容，当他人的哭泣、悲愤或痛苦达到难以承受的情形时，我们可能会认为他人的表现有些不合宜，但是还会深深地为他人的挫折境遇而担忧。但是，人们对他人的悲伤或挫折境遇的感受或共情，并没有达到他人所置身其中的深刻程度。

对于他人的悲伤，通常人们会克制自己，努力避免产生同情，但未必能够成功；但是对他人喜悦的共情，人们却从未有过这样的反抗；如果没有嫉妒作祟，人们通常会愉悦地接纳他人喜悦的情绪。因此，人们对他人喜悦类情感的共情，远比对挫折类的情绪所感到的同情，更为接近当事人的情绪状态。这就是经济体系中“标准人”的行为情感秩序。

我们来看一下这种秩序在经济体系中的作用：最早的股份公司是在欧洲设立的，主要是以国家特许的形式存在。从某种意义上讲，大型股份公司通常带有行使国家军事经济扩张的职责。当欧洲人将资金投入到股份公司的时候，人们对未来的前景是充满憧憬与喜悦之情的；未征服的新大陆资源和财富是如此广阔，而早期海外扩张所掠获的财富也是令人羡慕的。因此，供给有限的股份公司股权证书就成为一种稀缺的商品，其市场交换价格迅速被拉升到了一种非理性的高位。

这种他人愉悦的憧憬喜悦情绪感染了众多的投资者，甚至包括经典物理学的奠基人牛顿，时任铸币局局长的牛顿，将其毕生的积蓄投入到了股份公司当中。经历一段时间后，当一些人开始认真关注股份公司的真实经营状况时，高高在上的公司股价开始疯狂暴跌，包括逻辑思维如此缜密的投资者——牛顿，其毕生积蓄也在这场投机泡沫中被消耗而光；人们为其行为情感秩序的弱点付出了惨痛的代价。

就连牛顿本人也不得不哀叹，他可以预计天体的运行轨迹，但是无法预测人们投机心理的狂热。这是一个典型的宏观、可逆类物理学思维模式，在宏观非平衡耗散经济体系中的应用失败案例。应该看到，地球上不同的经济体系中，每过十几年或几十年，总会出现一些不同类型的非理性的群体投机行为；而在这样的投机潮流中，影响每一个人行为决策的同一类别的行为情感秩序就是：体系中“标准人”对他人喜悦情绪的共情程度，要高于对他人挫折类情绪的共情程度。

对这种行为情感秩序的模式理解，使用“超弦理论”的思考路径可能会产生有用的结果。该理论认为，在每一个基本粒子内部，都有一根细细的线在振动，就像琴弦的振动一样。不同的琴弦振动的模式不同，因此振动产生的音调也不同。自然界中所发生的一切相互作用，所有的物质和能量，都可以用弦的分裂和结合来解释。弦的运动是非常复杂的，以至于三维空间已经无法容纳它的运动轨迹，就像人们的行为情感的共情秩序，它们已经复杂到无法在三维空间中完成，并超越了宏观、可逆的经典物理学思考哲学的理解范畴。

关于人类行为情感秩序的导向作用，我们可以去考察一下 20 世纪 30 年代出现的股市投机泡沫。当时，以美国为主导的新经济体系的确立，使得全球的资金向该区域涌动，而赚取大量垄断利润的美国大型企业，也在源源不断将其大量资金投向股票市场，加上大量的中小投资者、投机者的参与，所形成的持续的资金推动，使得市场中的包含大量劣质企业的股票市场交易价格被推向非理性的高度。

在这样的经济行为中，人们对未来经济效益的憧憬或喜悦情绪，在相互共情中不断扩大着影响力。从垄断资本家到普通投资者，从普通投资者到纯粹的投机者，人们纷纷在传递着企业或股票令人振奋的盈利前景；而与此同时，人们却在有意无意地抑制着自身对企业不利情形的思考或信息的传递。更严格的表述应是：在宏观耗散经济体系中，演化亿万年的小型耗散结构——人，其对他人关于成功投资喜悦情感的共情，远大于其对投资遭遇挫折后情感的共情。

当上述行为情感秩序被一次又一次的叠加过程所放大时，一个股市泡沫就形成了。整个宏观经济体系中的“标准劳动产出”的交换所得、各类资源类经济地租收益，被持续地投入到公司股份权利证书的买卖当中，而后者缺乏使用价值。由于人们从投机活动中可以获取超过正常劳动报酬以数倍计的货币收入，于是整个经济体系中的“标准劳动者”不再将全部的劳动报酬用来满足自身或家庭的各类合理需求，因此，导致个人或家庭维持或提升自身需求或能力上的投入不足，同时整个社会的基本消费需求也受到了抑制；而大量的资源类地租权益也被转卖或放弃经营，相关的财富被转入到股票市场当中，去推高这些并缺乏实际使用价值的“炫富类心理权证”。

最初的投机财富获得者是可以通过提高自身消费来拉动经济的，但是从整个宏观耗散经济体系来看，人们前期通过各类经济活动所创造的特定时空下的产出或服务，却缺乏对应的“标准劳动者”或“资金经营者”的消费或投资需求，这些产出或服务与生俱来的耗散特性，使得其对应的交换价值持续下降，因此整个经济体系中的财富被逐渐地耗散，对应的货币流通媒介需求也就出现下降，货币将以兑现贵金属等形式逐渐退出流通环节。但是股票市场中超高的货币流通速度，却使经济体系中的人们无法感受到真实财富总量的下降，于是形成了一种经济繁荣的幻象。

整个宏观耗散经济体系中的各类财富，包括标准劳动产出的交换价值、资源地租所对应的劳动支配权或经济利润等，在短时间内被人们的行为情感秩序所引导，通过货币交换媒介，转化为那些使用价值有限且交换价值存在巨大波动性的“炫富心理权证”之上，这也就是股票在剔出企业自身合理估值之外的那部分交换价值。在这一过程中，如果存在着显著的技术进步、或是存在异常的外部资源增加，是可以支撑整个宏观耗散经济体系中的财富向偏向“炫富心理权证”一端靠拢的，但是如果仅仅是人们对投资成功喜悦情感的过度共情，如果仅仅是人们抑制了合理的“熵产生”过程，则整个宏观耗散经济体系中的“负熵”产生效率将出现显著的下降，这也就意味着体系在趋向宏观平衡态，一种有机体接近死亡的状态，也就是经济萧条的出现。

20世纪30年代的经济大萧条就是这样的过程：1929年夏天，包括美国在内的发达经济体系，还是一片经济繁荣的景象，股票持续上涨，人们见面时谈论最多的话题就是股票；1929年9月，美国财政部长还在信誓旦旦向公众保证："这一繁荣的景象还将继续下去"。到了1929年10月24日，美国金融股票市场却突然出现了大崩溃，并引发了持续多年的经济萧条，以往蒸蒸日上的美国社会逐步被存货堆积、工人失业、商店关门的凄凉景象所代替。

宏观耗散经济体系趋向平衡态的具体数据有：86000家企业破产，5500家银行倒闭，全国金融界陷入窒息状态，千百万美国人多年的辛苦积蓄付诸东流，GNP由危机爆发时的1044亿美元急降至1933年的742亿美元，失业人数由不足150万猛升到1700万以上，占整个劳动大军的1/4还多，整体经济水平倒退至1913年。农产品价值降到最低点，农民将牛奶倒入大海，把粮食、棉花当众焚毁的现象屡见不鲜。

这些数据或事实所反映的是：经济体系中“标准劳动者”的个人或家庭所构成的耗散结构并未获得合理且持续的“熵流”，整个宏观经济处于了低效率运行状态。形成这种经济运行低效率的原因有两个：一是大型垄断企业对“标准劳动者”工作报酬长期持续性的苛刻性压榨，导致个人或家庭耗散结构的维持和提升没有可供支配的资源，而这是整个耗散经济体系“负熵”形成的根本源泉；二是社会中各类参与者中，其作为“资金经营者”的角色将企业或个人积蓄的资金，过度投入了那些已没有实际经营活动支撑的“炫富心理权证”之上，这使得通过高频率消耗外部“能量”或“秩序”来创造财富的空间也出现萎缩。

当整个宏观经济体系的“负熵”产出效率低下，而各类资源类地租由于有效需求的缺乏而难以保持较高的经济利润时，支撑“炫富心理权证”的物质基础就出现了坍塌，其内在巨大波动性的负向演化过程也就合理展现出来。

整个宏观耗散经济体系的各类财富的交换价值，也就与目前该体系内的“负熵”产生效率，以及“熵产生”过程的实际产出的交换价值在更低的层级上实现了相互间的匹配。

这一过程给我们的提示或结论是：每当经济体系出现高额的回报率时，无论这种超额回报率是发生在股票投资还是实业经营中，如果没有技术快速进步或意外资源的获得来支撑这种财富增长，则这类异常的财富增长就意味着整个耗散经济体系内“负熵”产生效率的异常低下，意味整个经济体系正在走向一个财富泡沫发生和破灭的不可逆的过程，或者是一种高频率消耗外部“能量”或“秩序”的过程。

20 世纪 30 年代的德国纳粹经济，是通过一种由国家下达订单，由企业负责生产和提供大量武器、军工用品、粮食、各类物质储备和国家基础设施的形式，实现了纳粹计划经济和市场运行机制的短期相处融洽，该模式使德国人成功地摆脱了经济萧条，但其实质是走向了一种通过异常高频消耗外部“能量”

或“秩序”的方式，来获取财富的道路，而外部资源往往是有限的，所以军事扩张和战争掠夺，就成为这种经济体系的必然选择。尽管纳粹经济体系在初期的扩张还是存在显著优势的，但由于其体系内部缺乏“负熵”所形成的耗散条件，所以不会像有机组织那样可以演化或提升到更高层级的稳定的结构，最终其组织结构只能被自发的“熵产生”进程所耗散。

与德国纳粹经济不同，罗斯福新政着眼的角度是“标准劳动者”的合理工作需求和工作报酬，尽管存在国家创造就业机会违反市场运行原则的倾向，但在危机时期内，罗斯福通过要求垄断资本家们遵守“公平竞争”的规则，确定各企业生产的规模、价格、销售范围，给工人们订出最低工资和最高工时的规定；随之又尽力争取中小企业主的支持，并通过“以工代赈”等措施来保障经济体系内“标准劳动者”的报酬和产出尽快回归到合理的状态。

罗斯福新政的核心主张提出：政府应使民众获得免于物质匮乏的自由；这

一政策的支持理论是同时期英国的凯恩斯经济学，该理论认为：总需求的变动在短期内会对总产量、总就业和总价格水平产生强烈的影响。到1939年，罗斯福总统实施的新政取得了成功。从1935年开始，美国几乎所有的经济指标都稳步回升，国民生产总值从1933年的742亿美元又增至1939年的2049亿美元，失业人数从1700万下降至800万。

从耗散经济学的角度来看，罗斯福新政的核心价值在于他通过政府之手将“标准劳动者”的工作机会与工作报酬实现了匹配，这种匹配为后续美国经济体系“负熵”的形成孕育了良好的生成条件。因此，在这一过程中的美国经济体系，产生了大量的以IBM为代表的低耗散特性的科技创新型企业，这些企业一跃成为整个经济体系新财富的主要的创造者，而这正是美国经济从一种低效、低质量的财富创造体系向高效、高质量财富创造体系的成功转折点。

如果实体经济的运转是连续的动画过程，则货币体系则是这个动画过程的一帧帧镜像。对上述大萧条期的经济演化过程的考查可以通过另一个角度来观察，这就是金本位在这一时期的演变情况。

罗斯福于1933年3月4日宣誓就任总统时，全国几乎没有一家银行营业，支票在华盛顿已无法兑现。在罗斯福的努力下，到3月15日已有14771家银行领到执照重新开业。此后，罗斯福接连采取了如下重大措施：4月5日，宣布禁止私人储存黄金和黄金证券，停止美元兑换黄金业务；4月19日，禁止黄金的出口，并宣布放弃金本位；6月5日，废除公私债务以黄金形式的偿付；1934年1月10日，宣布发行以国家有价证券为担保的30亿美元纸币，并使美元贬值41%。

表1是美、法、英等六国1929—1936年间的黄金储备与货币流通的相关数据。其中“M1”代表流通中的货币和票据加商业银行存款，按照本币计算，单位为百万；“BASE”代表流通中的货币和票据加商业银行准备金，按照本币计算；“RES”代表国际储备

（黄金加上国外资产），按照本币计算；"GOLD" 代表黄金储备，按照官方报价计算的本币价值；"PGOLD" 代表官方黄金价格，对于非金本位国家，则采用非市场的法律虚拟定价；"QGOLD" 代表黄金储量的数量，以公吨计。

表 1 **美国**（1933 年 3 月放弃金本位）

	M1	M1/BASE	BASE/RES	RES/GOLD	PGOLD	QGOLD
1929	26434	3.788	1.746	1.000	0.6646	6014.0
1930	24922	3.498	1.655	1.000	0.6646	6478.9
1931	21894	2.831	1.854	1.000	0.6646	6278.8
1932	20341	2.534	1.900	1.000	0.6646	6358.6
1933	19759	2.380	2.057	1.000	0.6646	6072.7
1934	22774	2.396	1.154	1.000	1.1253	7320.9
1935	27032	2.335	1.144	1.000	1.1253	8997.8
1936	30852	2.327	1.178	1.000	1.1253	10004.7

数据源自：［美］本 · S. 伯南克著：《大萧条》，东北财经大学出版社 2009 年版。

可以看到 1929 美国的 "M1/BASE"（见表 1），这一代表货币乘数的指标已经达到了 3.788。对该数据我们应该这样来理解，当经济体系中的银行业不发达时，"M1/BASE" 基本上在

1 左右，这类似于以贵金属为流通货币的状态，当货币乘数由 1 上升到 3.788 时，反应了美国市场中银行体系的高度发达，同期的英国货币乘数仅为 1.560。可以看到：在使用金本位的前四年中货币乘数经历着持续的衰减过程，但同期美国黄金储量却出现了 5%—8% 的增长，这种变化对应的是多余的货币从流通环节的退出，转而以库存黄金的形式存在的过程。

美国经济中的“M1”指标从 1929 年到 1933 年整体下降了 25%，它是整个经济体系中劳动产出总体交换价值空间出现下降的指标，并间接反映了整个耗散宏观经济体系财富萎缩的速度；在耗散宏观经济体系中，“M1”波动的幅度和频率可以反映出该经济体系财富的质量高低，如果体系中的财富是高质量、低耗散特性的，则 M1 的波峰和波谷间的步长应相对较大，相反如果体系中的财富是低质量、高耗散特性的，则 M1 的波峰和波谷间的步长应相对较小，这一过程本身也反映了宏观耗散经济体系“负熵”产生效率，其本质是

“时间之矢”。

从美国宣布放弃金本位以来（见表1），我们可以看到货币乘数在随后的几年中呈现出了稳定状态，而黄金储备的数量却持续上升，后者固然有罗斯福新政的影响因素在内，但是应该看到在切断美元与黄金的直接兑换关系后，美元摆脱了全球体系内黄金流动对该货币体系的波动性冲击，美元作为经济体系产出交易的媒介被赋予了纯粹的支配权利证书的性质，从专业化职能的角度来说，放弃金本位的美元货币实质上是放弃了金本位美元中的“炫富心理权证”的交换价值。

因此，以国家信誉支持的美元在经济体系中的进入或退出，流通加速或减速，与外部经济体系的兑换过程中的升值与贬值，就不再与黄金的供给量、人们对黄金的炫富性消费、黄金在不同经济体系间的流动等因素直接挂钩，而银行体系中的货币、票据和企业的存款考虑更多的是货币的耗散特性，也就货币所对应的“能量”或“秩序”支配权的使用效率问题，其实质是将货币的功能定位于：促使“标准人”的劳动产出交换价值，与同时空条件下的“标准人”为维持和提升自身耗散结构而产生的“能量”或“秩序”需求，实现有效的、合理的相互匹配。

为更好地理解金本位在耗散经济学中的意义，我们可以来看一下同时期的法国。在1929—1935年期间，法国是坚持金本位的典型代表，直到1936年才开始放弃。从表2中的“M1/BASE”来看，当时法国的银行体系处于比美国银行体系更低效率的层级，在经济危机中金融体系所受的冲击程度也较弱；法国人对金本位的坚持，使法郎兼具了贵金属的属性。在未来经济充满不确定的情形下，人们对流动性、保值性的偏好，驱使法国境外的资金向法国境内涌动，经济危机中的头三年，法国境内储备黄金数量显著增长。

在经济危机的外部压力下，尽管法国政府也实施了一定的宽松的货币政策，这一点可以从“BASE/RES”1929—1932年的数据（见表2）可以看出，其中，“BASE”代表流通中的货币和票据加商业银行准备金，“RES”代表国际储备（黄金加上国外资产）；但是“M1”和“M1/BASE”两个数据汇总后所表明的是：“法国的金本位政策的实质是吸纳了境外经济体系的大量的黄金流入，却并未创造相应足够增量的经济产出拉动进出口；在这一过程中，尽管法国各大银行相对受冲击较轻，但是区域性银行和小银行还是受到了挤兑压力，公众将存款取出转为了流通货币，造成了法国国内同期货币乘数的迅速下降。

此外，法兰西银行按照其货币稳定和改革时期实施的法律要求，积极采取了将外汇储备兑换为黄金储备的手法，这可以参考下表中的1929—1932年期间的“RES（外汇储备）/GOLD（黄金货币量）”比率（见表2），1932年法兰西银行就已经基本完成了这种兑换黄金储备的操作。因此，这种金本位措施对于经济萧条中的弱势国家来讲，是一种以邻为壑的保守性的政策，它浪费了法国人从外部经济体系获得的可利用的“能量”和“秩序”的支配权，并加速了整个宏观经济体系可支配财富的耗散过程。

表2　　法国（1936年10月货币贬值）

	M1	M1/BASE	BASE/RES	RES/GOLD	PGOLD	QGOLD
1929	101562	1. 354	1. 109	1. 623	16. 96	2456. 3
1930	111720	1. 325	1. 106	1. 489	16. 96	3158. 4
1931	122748	1. 239	1. 101	1. 307	16. 96	4059. 4
1932	121519	1. 263	1. 010	1. 054	16. 96	4893. 9
1933	114386	1. 264	1. 156	1. 015	16. 96	4544. 9
1934	113451	1. 244	1. 098	1. 012	16. 96	4841. 2
1935	108009	1. 230	1. 298	1. 020	16. 96	3908. 1
1936	117297	1. 218	1. 557	1. 024	22. 68	2661. 8

数据源自：［美］本·S. 伯南克著：《大萧条》，东北财经大学出版社2009年版。

法国政府坚持金本位的政策操作的实质，与1928—1929年美国大型垄断企业将巨额的经营利润投入到股票市场的操作是一致的，那就是放弃了支撑整个经济体系的那些可以提供新“能量”或“秩序”的创造活动，并将其在特定时空支配大量“标准劳动”的权利，转化为以“炫富心理权证”为主要内容的投资标的，这就是黄金或是被高估的股票。有观点认为法国民族的自豪感与坚持金本位政策之间存在因果关系。

上述分析内容表明，宏观耗散经济体系的运作在人的行为情感的驱使下，将周期性产生并累积一些效率低、质量差的支配权利或财富，由于经济体系中与生俱来的高耗散特性，这些财富或支配权力的名义价值与其实际可支配的“能量”或“秩序”出现显著差异时，就是整个经济体系中财富名义总量开始向实际总量迅速回归的过程，而人们对部分“炫富心理权证”的跨周期的保值和流通特性的偏好，将加速更多的高质量财富的低效耗散进程。这就是1931年之后，全世界范围内的货币/黄金比率大幅下降的根本原因，尽管伯南克将其归因为错误的货币紧缩政策以及银行倒闭所造成的连锁恐慌和汇率危机风暴。

波兰也是在经济萧条时期坚持金本位的国家，其中波兰面临的黄金的流出所造成的通货紧缩的压力，其M1指标

（见表3）从1929年到1932年出现显著的下降，尽管波兰人对BASE/RES的比率要求在不断放松。直到1936年波兰宣布放弃金本位之后，代表经济流通速度的M1才出现显著增长。比利时尽管面临的是黄金总量的净流入，但其货币政策实施的结果与法国类似（见表4）。比利时在1935年宣布放弃金本位后，M1指标、货币乘数以及黄金储备总量都出现改善迹象。

表3　　波兰（1936年放弃金本位并实行外汇管制，同年10月货币贬值）

	M1	M1/BASE	BASE/RES	RES/GOLD	PGOLD	QGOLD
1929	2284	1. 339	1. 390	1. 750	5. 92	118. 3
1930	2212	1. 328	1. 709	1. 735	5. 92	94. 9
1931	1945	1. 267	1. 888	1. 355	5. 92	101. 3
1932	1773	1. 275	2. 177	1. 273	5. 92	84. 7
1933	1802	1. 280	2. 496	1. 185	5. 92	80. 3
1934	1861	1. 301	2. 693	1. 056	5. 92	84. 9
1935	1897	1. 277	3. 155	1. 061	5. 92	74. 9
1936	2059	1. 340	3. 624	1. 076	5. 92	66. 3

数据源自：[美] 本·S. 伯南克著：《大萧条》，东北财经大学出版社2009年版。

表 4　　比利时（1935 年放弃金本位，同年 3 月货币贬值）

	M1	M1/BASE	BASE/RES	RES/GOLD	PGOLD	QGOLD
1929	42788	2.504	1.949	1.492	23.9	245.9
1930	46420	2.336	1.697	1.707	23.9	287.1
1931	44863	2.047	1.226	1.358	23.9	533.4
1932	41349	1.805	1.395	1.265	23.9	543.1
1933	40382	1.754	1.314	1.282	23.9	571.9
1934	N/A	N/A	1.113	1.266	23.9	524
1935	39956	1.579	1.063	1.378	33.19	520.8
1936	43314	1.617	1.098	1.293	33.19	561.6

数据源自：[美] 本·S. 伯南克著：《大萧条》，东北财经大学出版社 2009 年版。

英国是经济大萧条中最早放弃金本位制的国家，尽管面临了 1931 年的黄金储备的外流，但是英国独立的货币供应体系，使得其 M1 指标在同期可比国家中是表现最佳的，从 1932 年起，可间接代表英国经济活力或是“负熵产生效率”的 M1 指标，出现了持续上升。熟悉银行运作机制的英国人，最先将货币中的“炫富心理权证”属性予以了剔除，从而规避了英国国内人们对黄金的跨周期的流动性和保值性的错误性偏好。

在放弃金本位的英国经济体系中，货币所执行的更多职能是匹配劳动产出与合理需求，以维持整个宏观耗散经济体系对新的“能量”和“秩序”的动态需求。而表5中的“M1”和“M1/BASE”数据显示：当经济体系的负熵效率得以提升时，代表“炫富心理权证”的黄金又重新回流到已放弃金本位的英国。

表5　　**英国**（1931年9月放弃金本位）

	M1	M1/BASE	BASE/RES	RES/GOLD	PGOLD	QGOLD
1929	1328	1.560	5.825	1.000	0.1366	1069.8
1930	1361	1.618	5.699	1.000	0.1366	1080.8
1931	1229	1.579	6.452	1.000	0.1366	883.8
1932	1362	1.667	6.823	1.000	0.1366	877.2
1933	1408	1.680	4.395	1.000	0.1366	1396.4
1934	1449	1.642	4.590	1.000	0.1366	1408.1
1935	1565	1.694	4.615	1.000	0.1366	1465.2
1936	1755	1.700	3.291	1.000	0.1366	2297

数据源自：［美］本·S.伯南克著：《大萧条》，东北财经大学出版社2009年版。

这表明宏观耗散体系间的竞争，更注重于体系自身的“负熵”的形成效率或是其“低耗散”的禀赋或能力，而不是那些缺乏使用价值、但却能满足人们行为情感秩序需求的财富证明；那些所谓能够代表财富的“炫富心理权证”，其在经济流通领域中的价值依托或存在基础，则正是耗散经济体系中的“负熵”效率或“低耗散”能力。瑞典执行了英国相同的货币政策，其数据结果（见表6）则再次支持了英国货币政策放弃金本位的正确性。

表6　　瑞典（1931年9月放弃金本位）

	M1	M1/BASE	BASE/RES	RES/GOLD	PGOLD	QGOLD
1929	988	1.498	1.280	2.092	2.48	98.8
1930	1030	1.508	1.082	2.618	2.48	97.2
1931	1021	1.522	2.631	1.280	2.48	83.1
1932	1004	1.373	1.740	2.039	2.48	83.1
1933	1085	1.106	1.202	2.205	2.48	149.2
1934	1205	1.211	1.101	2.575	2.48	141.5
1935	1353	1.268	1.029	2.542	2.48	164.5
1936	1557	1.211	1.032	2.355	2.48	213.3

数据源自：［美］本·S. 伯南克著：《大萧条》，东北财经大学出版社2009年版。

20世纪30年代的经济大萧条中，各主要经济体对金本位的坚持或放弃，使这些国家形成了两类经济体系子样本，根据伯南克和詹姆斯1991年的数据整理，下面的各表列出了1930－1936年期间金本位国家和非金本位国家的主要宏观经济指标的时间序列数据。由于非金本位国家选择放弃金本位的政策主要集中于1931，而那些实施金本位的国家则主要在1936年被迫放弃金本位政策，因此对26个国家可获得数据的处理形成了下表中1931－1935年间数量有限的年度序列均值（见表7）。这里我们从耗散经济学的角度来对其进行分析：

表7　　1930—1936年金本位国家与非金本位国家的M1货币供给对数增长率

	1930	1931	1932	1933	1934	1935	1936
金本位	-	－0.094	－0.088	－0.045	－0.013	－0.0067	-
非金本位	-	－0.076	－0.06	0.007	0.028	0.046	-
平均值	0.016	－0.088	－0.068	－0.006	0.019	0.027	0.074

数据源自：［美］本·S. 伯南克著：《大萧条》，东北财经大学出版社2009年版。

M1 在这里所代表的是流通中的货币和票据加商业银行存款，它所反映的是所有者对外部环境中可利用“能量”和“秩序”的支配权力，如果流通领域的“能量”和“秩序”彼此实现交换所需的货币媒介总量出现下降，则货币中的一部分将退出流通领域，这种退出可能的形式有：减小货币交换或票据抵押的频率，延长存款的期限，将纸币兑换为黄金等贵金属退出流通；由于 M1 是货币总量的截面数据，它所能反映的仅仅是某一个时点上的静态货币存量，在缺乏货币流通频率数据的条件下，仅仅依据 M1 我们无法判断外部所有可利用“能量”和“秩序”的总量数据。

对一个函数求导后，其导数在有限的范围可以指示函数的变化趋势；同样，计算 M1 货币供给量的对数增长率，也可以为我们指示在目前的时空条件下经济体系中处于可交换状态的“能量”或“秩序”的增长率数据，尽管该数据同样受到了货币流通频率的干扰，但是在货币流通频率未出现明显改变的情形下，M1 的对数增长率是可以反映经济体系中的财富增长速度的，它间接反映了经济体系中“负熵”的产生效率或活力。

从表 7 可以看出，从 1931 年开始实施非金本位制的子样本国家，其经济体系内新的“能量”和“秩序”的产出速度，在随后的 5 年中都显著高于同期的实施金本位制的子样本国家。在所有子样本全部放弃金本位制的 1936 年，整个宏观经济体系的 M1 增长率达到了 7.4%，这表明经济体系由显著的“能量或秩序”的净耗散过程，转向了可维系和提升体系结构的有序或生命状态。

经济体系中，“标准劳动者”的产出与其劳动报酬的适当匹配，是体系内“负熵”形成的必要条件。下面，我们再来看一下 1931—1935 年期间，两类子样本劳动报酬的增长变化情况（见表 8）。数据显示实施金本位制的国家比非金本位制的国家的劳动者的实际工资要远高于非金本位国家，特别是经济大萧条的初期。这似乎与我们预期的情况出现不一致。但参考表8中各子样本的就业增长率数据，我们可以判断出在经济大萧条中经济体系中的“标准劳动”的产出与其劳动报酬间出现了如下变化：

表8 1930—1936年金本位国家与非金本位国家的实际工资对数增长率

	1930	1931	1932	1933	1934	1935	1936
金本位	-	0.11	0.064	0.032	0.005	0.016	-
非金本位	-	0.059	-0.02	-0.025	-0.032	-0.031	-
平均值	0.122	0.094	0.007	-0.009	-0.023	-0.022	-0.018

数据源自：［美］本·S. 伯南克著：《大萧条》，东北财经大学出版社2009年版。

在1931—1932年期间，实施金本位制的国家，其“标准劳动者”的报酬被维持在了较高的增长水平，这与外部经济体系“能量”或“秩序”趋向耗散的负增长状态是不匹配，因此更多的劳动报酬是以偏向“炫富心理权证”的形式存在。这些劳动报酬通常会以金本位货币的现金形式或直接以黄金的形式暂时退出流通环节的。

人们对黄金类资产的流动性或保值性过度的情感注入，使其自身或家庭的合理维护和提升的需求缺乏资金支撑，因此在金本位国家经济体系后续的演变过程中，是缺乏“负熵”产生的必要条件的。整个经济体系“能量”和“秩序”的持续耗散，将加速毁灭体系内各类新的“能量”和“秩序”的产出需求，而这就体现在金本位国家就业增长率在1933年之后显著落后于非金本位国家的数据上（见表9）。

表9　　1930—1936年金本位国家与非金本位国家的就业对数增长率

	1930	1931	1932	1933	1934	1935	1936
金本位		-0.113	-0.137	0.006	0.028	-0.016	
非金本位		-0.127	-0.047	0.065	0.113	0.083	
平均值	-0.066	-0.0117	-0.074	0.05	0.096	0.064	0.068

数据源自：［美］本·S. 伯南克著：《大萧条》，东北财经大学出版社2009年版。

与金本位国家相对比，从开始放弃金本位政策的第二年，非金本位制国家就业增长率的负增长趋势就得以遏制。此后三年，非金本位制国家的就业增长率呈现出了显著超越金本位国家的状态，尽管劳动报酬的实际工资增长并未出现同类情形，但是考虑到我们对“标准劳动者”的定义，其初衷就是将那些“享受资源地租权利者”和“资金经营者”的成分从每一个社会参与者中剔出，并形成三类纯粹的虚拟的耗散经济体系参与角色。从这种分析角度来推测，我们则可以提出金本位制国家中的劳动报酬更多反映的是“非标准劳动”类的现有财富转移，因此其劳动报酬数据的有效性远差于经济大萧条中的非金本位的“劳动报酬”数据，而后者的劳动报酬更趋向于“标准劳动”所得。

利率是宏观耗散经济体系中最复杂的一个指标。我们来看一下1930—1936年期间，金本位国家与非金本位国家之间的实际利率对比：数据显示，在非金本位国家内，贷出资本的利率回报始终低于金本位国家，并在1934年前后实现了低利率的状态（见表10）。

表 10　　　　1930—1936 年金本位国家与非金本位国家的实际利率（%）

	1930	1931	1932	1933	1934	1935	1936
金本位		10.38	9.41	6.94	3.35	-4.92	
非金本位		7.16	5.47	1.64	0.61	-0.62	
平均值	16.89	9.39	6.51	2.78	1.11	-1.19	-8.93

数据源自：［美］本·S. 伯南克著：《大萧条》，东北财经大学出版社 2009 年版。

自然界的耗散体系演化过程提示我们，“自然增长率”可能是无外部约束、低耗散经济体系经济增长率的最优逼近值；而经济运行所形成的经验数据显示，5%—6% 左右的长期利率水平应是宏观耗散经济体系中的最优逼近区域。人类经济体系长期均衡的利率水平高于“自然增长率”的现状，所反映的是人们所处的耗散经济结构中的“负熵”产生过程，或是自发过程与非自发过程之间相互作用的效率水平，应是显著低于自然界的有机耗散体系的“能量”和“秩序”的利用效率的。

形成低效率的原因是：人们所处的宏观耗散经济体系需要过度、高频地消耗“能量”和“秩序”，通过大量的自发进程，来实现并影响体系内的非自发进程，这是一种低效率的经济体系内涵与活力的提升。因此，大萧条期间那些放弃金本位的国家其实际利率整体低于金本位制国家的数据结果，所显示的就是前者所处的经济体系的“负熵”产生效率要高于后者，特别是在1933－1935年期间，经济体系的自我提升效率达到了较高的层级。

我们再来看一下大萧条期间，各类经济体系之间的“能量”和“秩序”的交换情况。表11、表12数据显示：在1931—1932年期间，两类子样本集的进出口增长情况较为接近，都出现了显著的负增长，当时的贸易壁垒及关税报复在各个经济体系间的作用较为显著。但是从1933年开始，非金本位制国家的进出口增长率数据显著得到改善，特别是出口数据要优于金本位制国家，并导致后者黄金储备的流出。这显示出：非金本位制国家的内在“能量”和“秩序”的产出效率，已经显著超越金本位制国家。

表 11　　1930—1936 年金本位国家与非金本位国家实际出口量的对数增长率

	1930	1931	1932	1933	1934	1935	1936
金本位		-0.193	-0.292	-0.008	0.015	-0.024	
非金本位		-0.146	-0.192	0.021	0.067	0.03	
平均值	-0.073	-0.179	-0.222	0.014	0.056	0.021	0.072

数据源自：［美］本·S. 伯南克著：《大萧条》，东北财经大学出版社 2009 年版。

表 12　　1930—1936 年金本位国家与非金本位国家实际进口量的对数增长率

	1930	1931	1932	1933	1934	1935	1936
金本位		-0.159	-0.25	-0.006	-0.067	-0.012	
非金本位		-0.315	-0.271	0.008	0.07	-0.027	
平均值	-0.071	-0.211	-0.264	0.004	0.038	-0.02	0.049

数据源自：［美］本·S. 伯南克著：《大萧条》，东北财经大学出版社 2009 年版。

下面来看一下经济大萧条期间的股价变化的数据（见表 13）。为了更好地理解该数据，我们先从耗散经济学的角度来看一下股票的相关属性。占有或支配公司股份权力的交换价值，在股票市值中所占的比例是有限的，特别是当股权的集中度呈现出显著的非市场化特征时。其中，公司股价超过其合理估值的成分应归属于“炫富心理权证”的范畴，这种属性在资本市场最早的股份发行所引起的投机泡沫中就已经显露无遗。

表 13　　1930—1936 年金本位国家与非金本位国家实际股价的对数增长率

	1930	1931	1932	1933	1934	1935	1936
金本位		-0.181	-0.219	0.139	-0.028	0.062	
非金本位		-0.198	-0.211	0.13	0.092	0.098	
平均值	-0.107	-0.186	-0.214	0.133	0.06	0.091	0.115

数据源自：［美］本·S. 伯南克著：《大萧条》，东北财经大学出版社 2009 年版。

公开发行的股份权利证书如同贵金属、艺术品和奢侈品，为整个经济体系中各类经济地租利润所形成的大量的虚拟的劳动量提供了合理的生存空间，每当人口出现扩张、经济效率得以提升的初期，就是这些虚拟的劳动量孕育而出的时候，而股价的迅速提升则可以迅速吸纳这些虚拟的市场交换价值，它如同土地分封制下的庄园主在丰年的时候，宁愿将大量的食物用来豢养众多的家仆、食客或远亲，从而变相维持自身肥沃土地的超额地租空间，也不愿意用来拓展更多的劣质土地，或帮助农耕劳动者提升自己的生产效率。

因此，高估的股票价格、艺术品、奢侈品和贵金属等的“炫富心理属性”，其本质就是资金先天的自利特性，它是人类社会这种特定的宏观耗散经济体系中的行为情感秩序的产物。在这里，人们相关的行为情感秩序可以这样方式来描述：“标准人”总是将尊敬的目光比较强烈地投向那些拥有财富或可以控制或支配财富的人身上，以至于对缺乏财富或财富分配权的人们产生藐视或忽视的倾向；而获得和享受他人的尊敬和钦佩，是“标准人”的雄心壮志和竞争较量的最终目标。因此，从耗散经济学的角度来看，人们之所以将大量的可以用来提升其他劳动者的“能量”和“秩序”，用来换取那些稀缺的、独占性的、标志性的、可以体现地位或财富的物品或服务上，是因为这些财富标志物可以帮助他们实现自身所追求或所认可的生存目标，从而最终获得和享受他人对自己的尊敬和钦佩。

当经济景气的时候，一个“标准人”的适度劳动所得，可以轻松满足他或家人的基本生活需求；但是，当我们仔细考察其消费结构时，却会发现其大部分的劳动报酬被用于那些可以显示自己并不拥有或希望拥有的社会地位或财富的奢侈品上，众人追逐的股票（高过合理估值的部分）就具有这样的属性。因此，那些本应该用来提升个人或家庭内涵或能力的“能量”和“秩序”，被导向了这些缺乏使用价值的“炫富心理载体”之上。

经济大萧条，是检测人的行为情感秩序的最佳场所之一，让我们一起来看一下表 13 中所整理出来的相关数据。1929 年，当英国的一家知名上市公司被发现财务造假的时候，引发了股票市场的波动；那些由于人们前期彼此共情其美好发展前景，进而对其热烈追捧的明星公司股权，开始遭受众多的尖锐的财务质疑；人们先前那些用尽想象力来描绘和涂抹其迷人的色彩和渲染的行为，转而成为对这些明星公司所遭遇的不幸下场的轻蔑的指指点点；人们的美德可以战胜痛苦、贫穷，但是在这种情形下却往往难以保持一贯的坚定；而驱使那些明星公司财务造假的动机往往来自同样的压力。

从 1929 年到 1932 年，我们所看到的是股票市场持续的大幅的下跌过程，这种持续性且大幅度地毁灭经济体系中“炫富心理”类财富的过程中，正是上述经济体系中“标准人”的行为情感秩序所引致的。在这样的过程中，黄金比股票的命运要好一些，因为其具有确定的跨周期的保值特性。

当股票迅速下跌，进入合理估值区域以后，公司股权中所蕴含的各类经济地租权益的合理价值开始凸现。从理性分析的角度来看，投资的机会已经来临，但是市场的反应却是相当平淡。与金本位国家相比，由于人们的行为被强制导向了那些非黄金类投资标的，因此在非金本位国家，实际股价的对数增长率情况要略好于金本位制国家。

但是，应该看到：人们的行为情感秩序并未使得这种差异显著凸现，非金本位国家经济的迅速恢复状态并未充分地反映到同期的股票市场的对数增长率之上。这是因为那些可以满足普通劳动者的食物、房屋和家庭温暖的总量提升，尚且不能构成人们为了虚荣和标新立异而愿意付出超额资金的“炫富心理权证”，因此在股票市场中的投资标的最具备增长潜力的时期，资本市场却平淡以对。

商业运行周期与
非线性耗散结构的开放特性

1958年，拜劳硕夫发现了一种有机酸在金属离子的催化下被溴酸氧化的反应，这一反应的特殊性是其反应过程中溶液颜色的周期性的黄色和无色的交替变化，这是一种宏观时间量级的有序变化。溶液颜色发生周期性变化的内在原因是溶液中的反应离子发生了周期性的变化。此后查波庭斯基又发现了这类反应还可以产生宏观空间量级的有序花纹图案。人们把上述类型反应统一命名为拜劳硕夫—查波庭斯基反应，或者是**B—Z**反应。

上述反应是一种远离平衡的条件下，所发生的一种化学反应类型的自组织过程，它们往往会导致空间结构。这种现象出现的基本条件就是存在着非线性的正反馈机制，这种正反馈机制在无机世界是罕见的，但在有机生物领域，在涉及有生命的耗散结构时，这种非线性正反馈机制却是一种基本的运行规则。例如，在生命体内，自催化反应、自阻化反应和交叉催化反应是各种基本的调解机制，来保证有机生命的代谢进程。

在 B—Z 反应中，反应机理通常是复杂的，运用经典热力学的方法很难对其做出合理的解释；但是在有机生物的反应中，由于分子经过长时空的演变，包括蛋白和核酸等分子已经具备了极其复杂的运转功能，相关的 B—Z 反应表现模式是简单的。这些生物有机分子是过去漫长时空所形成的复杂结构，它们被竞争和淘汰机制选拔出来，并用于参与各类型的自催化机制、自阻化机制和交叉催化反应。

生物遗传物质中的 DNA，其本身就是一个非线性的正反馈机制，在 DNA 中记载了对外部“能量”和“秩序”的利用和传播机制，在它参与的反应进程当中，其所传递的“秩序”信息被转译成不同的蛋白质序列形式。其中一些蛋白质以酶的形式存在，它们的作用就是对有机生物体内的不同的自催化机制、自阻化机制和交叉催化反应的进程进行调控，包括对 DNA 的复制过程。这些有机分子所形成的有序结构，其本质就是宏观非平衡态体系。

从经典热力学的角度来看，我们现在研究的是复杂变化的过程，而非其所专注的特定的起点和结果，这些非线性耗散结构所产生的现象是经典热力学所无法描述的，或者也可以说这些现象的运行机制与经典热力学所描述的理想状态相距较远。这就是建立在经典热力学基础上的传统经济学在真实的资本市场中往往失去其解释效力的原因。

从某种意义上讲，经济体系中的公司、工厂、个人和普通的生命系统可以同样归类于一种“耗散经济体系”，在这些体系内发生着多重的有机类、无机类化学反应以及涉及时空结构的各类物理变化，它们所形成的是一种经过长期自然演化所形成的时空结构，其内部的生物化学物质、无机物质、结构运行规则的分布情况是复杂的，但是复杂的结构却往往支撑着表象单一的运行模式或反应机制，这就是有序的耗散组织结构。

我们先来看一下生命系统中的葡萄糖代谢。在这类生化反应中，葡萄糖被分解，并形成了三磷酸腺苷－ATP，这是所有生物细胞的基本“能量”来源；对于每个葡萄糖分子，两个ADP（二磷酸腺苷）分子转变成两个ATP（三磷酸腺苷）。实验表明：在糖的分解过程中，存在着化学浓度随时间的振荡变化；当ADP的细胞浓度提升时，表明能量消耗加速，需要从外部补充能量，而当ATP浓度上升时，则推动了葡萄糖以较慢的速度来进行分解。

在糖酵解的路径中，其在几种相关的酶控制下的反应是非平衡态的过程，通常条件下，糖酵解循环对应于一个化学钟，当相关的约束条件发生改变时，是可以形成一些特殊的时空结构的，例如空间花纹的出现。从耗散热力学的角度来看，生命系统可以看做一种复杂的宏观非平衡态结构，但是这并不意味着生命系统中的每一部分都是处于这种状态的，也就是说在这种结构中，有些环节如同无生命体系的运转，而有些环节则在绽放着生命的活力或秩序。

上述间或存在宏观非平衡态的复杂耗散结构，在低级的单细胞有机体、高级的生物、生物群落当中，以及普通的人、工厂、公司、行业组织和经济体系当中都同样存在。例如，细胞粘菌的聚集，就是一种单细胞的生命系统的自组织现象。集胞粘菌阿米巴在周围环境中的食物出现缺乏时，它们将停止繁殖，并进入一个 8 小时左右的过度。之后，这些阿米巴细胞开始在一些成员的周围开始聚集，聚集的过程是对这些聚集点所发出的化学信号的反应。这些阿米巴细胞形成聚集体后就开始迁移，直到新的食物来源出现。

在上述过程中，阿米巴最初的分布是均匀的，当它们中的某些成员开始分泌趋化信号时，环状 AMP 的浓度便呈现出了局部涨落。当系统的某一参数达到临界值的时候，涨落就被放大了。这样原先均匀的分布就变得不再均匀，上述阿米巴细胞形成聚集体的现象就开始形成。在这个过程中，任何给定的阿米巴都可能对外界食物短缺的条件进行反应，并发出环状 AMP 形成聚集中心，之后达到一定的临界值时，这种周期性的变化行为被强化，于是一种组织结构也就形成。这种粘菌聚集就是非线性耗散结构动力机制形成过程的很好例子。

更高级的动物界中，同样的例子也有很多。白蚁建筑窝巢的过程曾引导人们去分析这种动物的集体思考能力，但是这个复杂的过程却只要白蚁向外发布很少的信息。而一些研究结果显示白蚁筑巢更接近于无序的行为结果。这一过程可以这样描述：最初白蚁以随机的方式搬运土块，它们在土块上留下了信息激素。这样就形成了初始的涨落，而当某一区域的激素浓度达到临界值的时刻，就会促进该区域的土块的持续堆积，这样就形成了白蚁独特的巢穴特征。

因此当一个新的宏观耗散结构出自

某个特定的变化时，宏观态从一种“相”位向另一种“相”位的变化过程，首先要求在一个有限的区域内建立结构，然后再向整个空间过渡。也就是耗散结构的动力机制如果低于某一个临界值，则该涨落或周期性的变化将衰退下去，呈现惰性运行模式；而当耗散结构的动力机制高于某一个临界值时，该周期性的变化将扩展到整个宏观系统，系统将出现剧烈的变化。

当生物系统复杂化时，影响系统出现涨落或周期性变化的因素就更加复杂。不同的物种和个体通过多种方式相互作用，系统各个部分间的扩散和通信存在着稳定性，竞争则由能否超越临界值的涨落来决定。而生物群落内的竞争结构则决定着体系内的稳定性；无论是在生物领域还是人类的社会领域，都存在着一组组相互作用的单元或成分，系统的稳定性问题可表述为：

一组在特定范围形成的新的耗散结构组织，当它进入一个现有的系统结构中后，如果引起的变化不足以改变系统结构的原先稳定性，则这些新的耗散结构组织无法大量扩展自身或是生存下去；如果这些新的耗散结构组织，通过施加影响成功地推动现有的系统结构的非平衡态出现“相”变，则整个系统就进入了生物进化的另一个阶段或过程。

一个结构稳定的耗散结构组织，其系统有两类成分构成：一类是属于“核酸”类的成分，这类成分能够复制其自身，并对另一类成分进行催化；另一类属于“蛋白质”类的成分，这类成分催化着第一类成分的自我复制；这样两类成分间的横向催化联系就形成一个循环，也就是“核酸”类物质在“蛋白质”的帮助下实现自己的再生。这种进化结果就是一种生物可以稳定成长的密码遗传机制；在这一过程中“蛋白质”类成分承担着从外界吸收“能量”和“秩序”的功能。

而生物系统内部竞争的结果，使那些可以改变系统稳定性的新的耗散结构组织得以获得更多的“能量”和“秩序”，来维持其结构内的宏观非平衡态，并可以去推动“核酸”类成分完成自身结构中的“负熵”的形成过程。这是体现在生物进化层面的自发过程与非自发过程的表述，其中“蛋白质”类成分更接近于“能量”，而“核酸”类成分则更接近于“秩序”，它们都是避免自身系统趋向宏观平衡态的动力源头；而进化则是在局部区域内新的涨落达到临界值时，形成新的耗散结构过程中不断被放大后的结果，是一种“核酸”结构对一组现存的“核酸”结构的成功入侵行为。总体来看，进化的结构蕴涵了热力学第二定律的“时间之矢”。

生物系统中的竞争与进化过程可以引入前面提到的“逻辑斯蒂方程”。该方程所描述的是含有 N 个个体的群体的进化，方程公式可以写成 $dN/dt = rN\ (K-N)\ -mN$。其中 r 和 m 是特征出生常数和特征死亡常数，K 是环境的“运载能力”。无论 N 的初值是何值，随着时间的推移，它将达到稳恒态值 $N = K - m/r$，当达到此值时，在每一瞬间，死亡的个体育出生的个体同样多。

经验表明：当关键的考察维度是群体的数量的增长时，上述逻辑斯蒂方程是最合适的。例如，在猎物和捕猎者之间构成的体系中，当猎物的群体的增长速度 r 加大时，捕猎者将向更有效捕获猎物的方法进化，这里涉及 K。在这一过程中，捕猎者的个体从经验中学习，并将技巧以记忆的方式存储的能力日益提升；个体复杂化的过程伴随着更长的成熟期和学徒期，因此类似单细胞生物中的“核酸”功能已演化为群体中彼此相互传递的技能或技巧。

上述猎物和捕猎者之间的动态关系，就形成了类似“蛋白质”成分与“核酸”成分的相互作用机制。当外部的环境条件发生变化时，猎物的 r 和捕猎者 K 涉及变化，这种变化达到临界值的时刻，系统内将出现剧烈的涨落现象，而生物链系统内的新的稳定结构将在其中形成。

生物系统演化并进入人类社会时，问题的复杂性进一步加剧，许多类似白蚁的无序行为的过程被每一环节的人类的思考过程所替代。我们先来看一个 1960 年 MIT 提出的一个经济模型“BEER GAME”，这个模型或管理学游戏由以下几个环节或内容构成：假设只经营一种产品：啤酒，啤酒由制造商生产出来，先卖给批发商，然后再由批发商卖给零售商，最后在零售商的店里卖给最终消费者。只有零售商、批发商、制造商和游戏记账员四个角色，这四个人组成游戏的一个小组。每次游戏分轮进行，一轮就代表一个工作日，一次游戏共进行15轮。

每轮都会有顾客到零售商那里去买啤酒；从扑克牌中抽一张牌，牌的点数在5到10之间，这是最终消费者购买的啤酒罐数；这张牌只给零售商看到，当然零售商也要保守秘密。零售商从自己的柜台里拿出啤酒来给顾客，然后再向批发商订货，每轮有一次向批发商订货的机会。零售商以每罐3元的价格卖给顾客，进货价是每罐2元。如果柜台里的啤酒不够的话，就是缺货，需要当做迟延订单处理。

批发商的责任就是卖啤酒给零售商，2元一罐。批发商有一个仓库，每轮都可以从自己的库存中尽可能满足零售商的订单；每轮有一次向制造商订货的机会，订货价是1.5元。不过，所订的货也要过两轮才会到达批发商的仓库。批发商需要负担订货成本，每个订单的运输费以及手续费3元一次。缺货时需要对零售商做出每罐0.1元的赔偿。

制造商或者说是啤酒厂，其他一切条件和规则都和上面一样，唯一不同的是，制造商不是向别人订货，而是自己生产啤酒。由于制造啤酒需要很多车间和各道生产工序，所以每个轮次下的生产订单也要等两轮才能完工，进入成品仓库。每次启动生产线都有一个启动成本3元，但制造商的生产量没有限制。制造商以每个1.5元的价格卖给批发商，而制造商自己的生产成本则是每个1.1元。

仓库里储存啤酒也是有成本的，这个成本包括：资金占用成本、仓库租赁费、管理费、雇员的工资等所有的一切费用。零售商的仓储成本按每天每罐啤酒平均0.1元计算；批发商因为是批发商，仓库比较大，有规模效益，所以每天每罐啤酒0.02元；制造商的厂房在乡下，面积最大，而且资金的机会成本相对较低，每天每罐啤酒 0.01 元。四个角色是独立的企业，目标是使自己的利润最大化，也就是收入和成本的差值最大化。

Sloan 管理学院的学生们，各种年龄、国籍、行业背景都有，有些人甚至早就经手这类的产/配销系统业务。然而，每次玩这个游戏，相同的危机还是一再发生，得到的悲惨结果也几乎一样：下游零售商、中游批发商、上游制造商，起初都严重缺货，后来却严重积货，然而，消费者的需求变动，却也只有第二周那一次而已。

上述现象被 MIT SLOAN 管理学院定义为“牛鞭效应”，特指供应链上的一种需求变异放大现象。也就是信息流从最终客户端向原始供应商端传递时，无法有效地实现信息的共享，从而使得信息扭曲并逐级放大，导致了各环节经营业务的异常波动。这是一种销售商与供应商在需求预测修正、订货批量决策、价格波动、短缺博弈、库存责任失衡和应付环境变异等方面博弈的结果，其增大了供应商的生产、供应、库存管理和市场营销的不稳定性。

上述过程实质上反映出了亚当·斯密的看不见的手或是传统经济学中的理性人的最大或最小化判断在经济体系中所犯下的一种倒置因果的逻辑错误。也就是说这些早期的经济学分析模式，倾向于将人们某些方面的行为进行优化，并把优化看作是理解群体和个人演化的关键；同时，这些早期的经济学分析模式放弃了宏观耗散经济体系出现内部结构剧烈变化的可能性，也不顾及那些可能迫使系统进入一种灾难性的惰性运行模式。

为了恢复宏观耗散经济体系中的不确定特征和惰性运行模式的本来面目，我们需要恢复经济体系中的开放特性，接受不可测事件或惰性运行模式的可能性；在通过耗散过程中的涨落来实现体系稳定的过程中，在临界点的小事件却可以放大为大的效果，例如上面的“啤酒游戏”中，恶性循环通常是由于任何一位参加游戏的人发生恐慌而开始加剧的；而系统一旦被恐慌所主导，各人就会发出超过实际需要20到50倍的订单，这是常见到的现象。

上述过程为我们揭示出了经济周期或经济体系中的涨落形成机制。所谓经济周期，是指经济体系中总产出、总收入和总的就业量的波动，它以许多经济单元的大范围扩张和收缩为标志。而经济发展史表明：经济的增长从来都不是按部就班的，一个经济体系可以连续经历5—10年的扩张和繁荣，但接下来也可能会经历较长期间的经济萧条，总产出持续下降，工人大批失业，利润和实际工资减少；经济体系也可能会经历1—2年的涨落过程，总产出出现上下的波动、经济增长趋势不显著或呈现短期的持续衰退，通货紧缩和通货膨胀交替出现。

从经济体系的外部环境变化因素来看：新的矿藏的发现、新的土地开发、气候或天气的变化、太阳黑子活动以及新大陆的发现等等，都可以形成经济周期发生波动的根源。人类经济体系从外部环境中获得财富或资源曾多次导致了经济的扩张，例如欧洲人的黄金掠夺以及发现美洲新大陆等殖民拓张。从宏观耗散经济体系来看，这些经济周期的波动，可以归类为“熵流”的变化所造成的经济扩张。体系内的财富积累是一种低效的、外延式的扩展，这类经济繁荣过程不涉及“负熵”产生效率的显著提升。

外部因素在经济体系中所起的作用是相对有限的，而真正发挥作用的是上述经济周期中的内在涨落机制。外部变化总是在不断发生的，对这些不同变化的反馈和放大机制，才是整个体系经济周期波动或涨落的根本原因。我们可以来看一下整个经济体系分类别的运转情况：

按照资本的不同使用方法，经济体系中的经济单元可以划分为四类角色。第一类是从事土地、矿藏和渔业的改良和开发的个人或单位；第二类是对天然产物进行加工和制造，以供各类消费使用的制造商环节；第三类是将天然产出或制造品从供给充足的地方运往供给短缺的地方；第四类是将这些天然产物或制造品分成小部分，来满足各类中断消费者的不同时空下的需求。

在第一类角色中，大自然和人类的劳动一起参与了生产过程，且不需要任何投入，但是所创造的产出和真实的劳动一样可以拥有市场交换价值，而许多劳动的投入是在引导大自然的产出按照最有利满足人们需求的方式进行。在这个环节中是人们所处经济体系中创造财富成本最低的环节，它对外部“能量”和“秩序”的利用过程大部分属于空间转移的性质，不涉及高耗散的“熵产生”过程。

因此，在人口总量出现增长，或出现异常的气候变化时，这类财富往往在需求的提升条件下可迅速被形成，而当供给发生过剩时，这类财富的消失对经济体系所造成的损耗或成本也是最低的。因此，在第一类角色所引起的经济涨落当中，由于存在着大量的冗余性支撑，整个宏观耗散经济结构通常不会发生剧烈的变化，而惰性的经济运行过程也通常较难出现。在人口的自然增长情形下，由第一类角色所引起的经济周期呈现出稳定的、长期正向增长的波动特性；而耗散结构的性质通常是稳定的。

在第二类角色为主的经济体系内，制造商的财富变化空间出现显著提升。当劳动力供给充足的时候，制造商环节的利润空间更多的来自于劳动所创造的超过其自身报酬的价值部分，当机器设备等资本投入可以替代劳动力时，制造商的利润空间更多地来自于这些虚拟劳动所能创造的交换价值。在制造业为主的经济体系内，劳动供给的充分性、机器设备的技术提升等因素的变化，是经济体系出现周期涨落的主要驱动因素。

在外部环境较为稳定的条件下，当“标准劳动者”的有效供给出现显著提升时，该经济体系的涨落通常会明显出现，整个宏观耗散结构将处在一个更高层级上运行。由于“标准劳动者”个人及其家庭本身就是终端需求，是体系内“负熵”产生的主要源泉，因此由于这种变化所引起的涨落是一种良性的经济运行状态，它有利于整个经济体系内涵的有效提升。

此外，机器设备等的技术提升也会引起经济体系内部的显著涨落，但是这种涨落过程往往伴随着人们对外部“能量”和“秩序”的更高频率的低质量的利用过程，因此往往对整个外部环境所构成的耗散结构形成冲击，并导致原材料的供给便利程度、运输距离、运输效率等因素成为经济体系出现剧烈涨落的影响因素。这些因素的负面作用通常会被人的情绪变化所放大，进而造成整个经济体系进入惰性的运行状态。机器设备的技术提升，对经济体系的周期波动以及体系财富的积累所产生的作用类似双面刃。

在以第三类角色为主的经济体系内，批发商的资本需要补偿其从第一类角色或第二类角色那里购买天然产物或制造品的资本投入，并获取适当的利润才能继续经营自己的产业。制造商由于提供服务，包括雇佣劳动或运输设备将商品从一个地方运往另一个地方，因此商品的价格内，还包括了运输环节的劳动报酬或设备租金成本。

从该角色的主要职能来看，其对外部“能量”或“秩序”不产生直接的利用和耗损，因而其影响经济体系出现涨落的主要原因是批发商的订单决策过程。因此，在该环节中，人类情绪的波动、恐慌、贪婪和决策的理性程度、经验和能力都在影响着相关的原材料或制造品的提供环节。随着人们管理经验的提升，该环节对经济体系的负面影响是可以得到一定程度控制的，因此它所引致的经济周期波动是相对可控的。

在第四类角色为主的经济体系中，零售商角色承担了动态满足不同时空条件下人们的各类需求的功能。市场中零售商的数量越充足、竞争越激烈，则人们所能获得商品的质量也越可以满足自身需求。零售商从消费者那里获取需求订单信息，他们的订单行为集中反馈到制造商环节，在这一过程中，如果零售商的订单决策模式出现趋同的情形，就可能会形成对市场有效需求过度放大和过度缩小的作用。

因此，零售商的经营过程本身蕴含着经济体系中的“负熵”空间，如何提高零售商对消费者需求的理解和服务的维度，对于经济体系实现低耗散宏观经济非平衡态的维持和提升有着重要的作用；而满足人们在不同时空条件下的合理需求的产品设计和改良环节的主要原创思想也应来自这个环节的信息。整合零售端和制造端的信息流是可以有效减少经济体系中的无效耗散过程的；而在经济周期下行过程中，对零售端的投资，通常会呈现出防御性特性。

如果将上述四类角色合并在一起，我们所看到的是一个完整的经济体系供应链条。这时我们可以假设人口出现增长，市场的有效需求开始拉升，则类似上面“啤酒游戏”的经济模型的运行过程将在整个宏观经济体系中展开。由于人是有限理性的，他往往追逐的是自己眼前能够看到的利润或财富，因此，在一些异常的因素影响下的需求信息将会被普通的市场参与者主动或被动地扭曲，这些信息被传递到上游的经济环节中则会被进一步放大，而某个异常的经济恐慌行为，将加剧这个信息被扭曲和放大的过程。

由于原材料的提供、商品的制造和运输存在时滞性，这样在原材料供应商、制造商、批发商等环节，就可能形成大量的半成品或成品库存，再加上人们特有的投机心理，将导致一些环节的库存异常增加。这样从消费终端反馈来的特定时空条件下的有限数量的客户需求，就被转化为了更宽广时空条件下的供给存货，因此，这一过程中的投资乘数效应、加速效应将进一步拉动整个经济体系的景气繁荣。

在制造商尚未意识到自身过度生产之前，上述过程是一种自催化过程，也就是过度生产所造成的短期经济景气将拉动消费端进一步产生需求，这些需求将使制造商对前期的判断给予确认，于是将产生下一轮的扩张生产，并进一步拉动其他行业的投资需求，同样的投资乘数效应、加速效应将再次拉动经济景气。

但是，最终四类社会角色所提供的产品是需要在特定的时空内被特定的需求者合理消费的，而过量的供给最终会被市场所确认，于是，一种去库存的经济运行过程将开始发生，此时发生作用的是一种自阻碍机制。上述经济景气形成的过程将被去库存的推动过程逆向推动：产品降价销售将导致滞后消费，订单需求的减少将进一步减少各类经济体系角色库存总量，而制造商的投资减速、扩建计划取消将引发其他行业的投资减速，在这一过程中的投资乘数效应、加速效应将以反方向的作用发挥影响。

在四类角色中，存在不确定性最强的是原材料供应商。在外部资源无限供给的条件下，原材料供应商的利润空间来自于扣除原材料产出投入劳动的合理报酬后剩余部分，一般符合其他行业的平均利润；在供给充分的条件下，原材料供应商的财富积累效率随着技术的进步而呈现刚性衰减。当外部资源的供给出现短缺的时期，原材料供应商的利润空间则主要来自于类似垄断差别定价法所能获得的交换价值。由于其产品的时间耗散特性相对不强，在原材料短缺的条件下，第一类角色在经济体系的周期波动中所受的库存冲击相对有限，而跨周期的利润预期使得原材料提供者的财富呈现稳定的特征。

在上述四类角色的互动过程中，对整个经济体系产生最大影响的是批发商环节。对终端需求的汇总和分析决策环节发生在批发商环节，而最终影响制造商的订单发出者也是批发商环节。由于批发商在商品的提供过程中所耗散的“能量”和“秩序”有限，所以经营效率最高，而其对各类需求的时空分布的全局把握处于最高端，因此，在批发商环节常常形成了许多商业品牌。

这些由品牌所构成的财富整体质量较高；批发商不进行实质的商品制造，但却享受了品牌商誉的经济利润空间。在批发商环节，由于广告和品牌的投放，对整个经济体系的“能量”和“秩序”的转化效率通常会产生较强的影响。随着广告投入成本在不断加大，该环节引致整个经济体系某类成员出现类似“恐慌购买”的订单概率在不断增加。

因此，批发商环节对整个经济体系的影响是关键性的。能否对批发商环节实现有效管理，是一个经济体系能否平稳运行的核心环节。在经济运行平稳的时期，经济体系中的整体利润在批发商环节的留存概率是最高的，而当经济周期出现波动的时期，该环节通过订单管理、库存管理、广告品牌投入成本管理等模式可以有效地将市场需求波动风险、库存管理风险转嫁给上游制造商。

从制造商环节来看，该环节需要投入的劳动和机器设备等资本的总量是最高的。应该看到人类科技的每一次进步，在创造新的财富空间的同时，也在间接毁灭着旧的传统的财富空间，因此，每一次技术的重大革新，都意味着大量前期高成本投入的机器设备的创造价值功能的丧失，而重要的技术提升往往是在靠近有效需求终端的环节中孕育产生的，所以，在制造商环节通常不仅承受了下游的库存订单波动风险，同时承受了满足终端需求的技术提升所导致的财富耗损风险。

在机器设备使用价值的高耗散特性约束下，在制造商环节劳动的使用量是相对较高的，因此那些“标准劳动”报酬要求相对较低的地区或国家在不同经济体系间就展现出有竞争力的比较优势，让更多的低报酬要求的“标准劳动”者专注于商品的制造和生产环节是可以有效提升两类不同发展水平经济体系整体的交换价值空间的。尽管制造商环节在对“能量”和“秩序”的利用效率上是低质量的，但是，通过对外来技术、工艺的逐步研习，这些经济体系内的成员的自身内涵也终将得到提升。

在特定时期内稳定的劳动报酬，也同样为体系内“标准劳动者”个人及其家庭的“负熵”形成过程提供了物质保障。如果落后经济体系内的众多“标准劳动者”成功地实现了向“批发商”和“零售商”，或者是向“资金经营者”角色的转变，则该经济体系维持和提升自身宏观非平衡态的“负熵”产生效率将得到有效提升，制造商对外部环境中“能量”和“秩序”的高耗散性质的利用过程将得以转化。

但是，应该看到在经济波动出现异常不良的惰性运行状态的时期，制造商环节对解决“保障居民免予物质匮乏的权利”这一政治性问题是十分有效的。这也就是我们现在所看到的市场经济可能会进入一种非充分就业的宏观非平衡态，也就是产出远低于经济体系的合理承载能力，存在着大量的非自愿的失业状态。由于不存在引导经济体系回归到充分负载运行的矫正机制，经济体系有可能在较长的时期内停留在低产出、高失业的惰性状态。

因此，通过政府替代终端需求订单，来增加对制造环节产出品的购买量，从而增加总需求是可以将处于惰性运行状态的宏观耗散非平衡体系有效实现达到临界值的涨落过程，从而完成宏观经济体系的“相”变过程的。因此，凯恩斯所提出的通过货币政策、财政政策，政府可以实现刺激经济的宏观经济学观点，是符合耗散经济学的“从耗散中产生涨落”分析路径的；但是经济体系的涨落达到临界值后，凯恩斯总需求拉动经济的作用将是负面的，因为其“负熵”产生的效率是处于低质量的；而通货膨胀则是对这种低效率、外延式扩展的“能量”和“秩序”的转化过程的合理反馈。

在经济体系的涨落达到临界值之后，整个经济体系进入了非惰性的宏观非平衡态运行过程，在此过程中通过对“标准劳动”的合理报酬与其个人或家庭的合理需求的匹配，宏观经济运行才能达到高效率的运行状态，对工作、储蓄和企业家的才能给予足够的报酬，将对体系中“负熵”的产生效率起到加速的作用，这就是一种类似供给学派所强调的不受约束的自由市场所能创造出的奇迹。而高税收将是上述实现经济体系高效率运转的一种自阻碍机制，因此税收体系的设计应旨在鼓励经济体系“熵流”利用效率的提升。

在上述过程中，耗散经济学是凯恩斯宏观经济理论与供给学派经济学的一个有机综合和提升。经济体系可以看做一种复杂的宏观非平衡态有机结构，但是这并不意味着系统中的每一部分都是处于这种状态的，也就是说在这种结构中，有些环节更接近于无生命体系的运转，而有些环节则在绽放着生命的活力或秩序。因此，每种经济学说有其适应的空间范围。

利率、资本边际回报与通货膨胀

谈到利率，我们习惯性地将它与储蓄的回报率联系在一起，但经验告诉我们，每一种资产都存在着一种类似利率的属性，包括那些大宗商品或是有待转化为商品的自然产出物品。从商品来看，在市场中，其“现货”和“期货”的合同价格往往是不同的，如果我们以这种商品为基准来计算资产的贴现率，则该资产的贴现率就是该商品未来所有收益等于其现值的收益率。

由于不同的商品随着时间的演化将产生不同的未来状态，因此，不同的商品通常展现出了不同的利率变化过程。当我们以某种商品为基准来计算资本边际回报率的时候，由于不同商品之间的相对价值通常是稳定的，通过商品之间贴现率的转换，我们就可以实现在不同计算基准的资本边际回报率之间的换算；而通常那些拥有最高利率的商品对资本的边际回报率产生关键影响，这是人们天生的追逐利益的本能所决定的。

因此，我们可以得出，当使用不同的货币作为计价基础来计算资本的边际回报率时，资本的边际回报率是不受货币种类的影响的，而不同的商品可以看作是一种特殊货币。我们进一步可以将利率推广到市场交易体系的边缘之外，在那里存在着一些自然存在的有机耗散结构体系，随时可能进入商品的流通领域；在无资源约束的条件下，这些结构体系通常以自然增长率的速率来实现自身的复制和提升。

如果我们使用商品“现货”与“期货”贴现率的方法来计算该类有机耗散结构的利率，则自然增长率就是这些天然存在的有机耗散结构体系在无资源约束的条件下的利率。因此，我们就找到了财富积累为零的耗散经济体系中的自然“利率”。如果该类有机耗散结构体系在市场流通中出现了交换价值，通常这种价值来自其稀缺性的显现，则该类商品的自然“利率”就进入了市场资本边际回报体系，并可能成为风险水平最低状况下的市场最优或最高的资本边际回报，或者也可以说是接近无风险条件下的资本边际回报要求水平。这一水平所反映的是：整个宏观耗散经济体系中，在“熵产生”过程中的自发反应与非自发反应之间的自然效率水平。

在较短的时间窗口内，在市场中流通的商品价格和“标准劳动”的工资报酬是具有一定的黏性的，这意味着货币的购买力短期内是可以看作固定的。同时，人们所持货币的购买力当中蕴含了大量的具备使用价值，但交换价值处于市场边缘状态的天然产出品，这些天然产出品的一部分在以自然增长率的均衡速度实现着自我维持和提升，因此当人们面临一项投资选择时，他首先考虑的是该项目的资本回报率或是资本的边际回报率应高于自然增长率。否则人们通过窖藏货币，来保持对那些存在自然增长趋势的新的潜在商品的购买或支配权就是一种理性的行为，因为后者具备转化为可交换商品的上行波动性。上述行为可以定义为一种流动性偏好；在日常的经济运行中，形成这种行为的动机还包括：人们持有现金货币的目的是用于应付突发的付款需求或预期之外的投资机会，或者是满足资金周转或业务运行的现金流需求等，但这些因素更接近于影响货币流通速度的原因。

影响流动性偏好的另一个主要因素是经济体系中的技术创新速度；也就是说当一个时期的技术革新变得缓慢的时候，整个经济体系中的现有技术水平所支撑的商品“经济地租”总量呈现出持续衰退的趋势，边际效用递减是合理的解释之一。这意味着扣除合理原材料及加工成本后，这些商品更接近于那些拥有使用价值，但是市场价值有限的自然产出品。因此，人类特有的对技术和技能的学习本领使得进入市场衰退期的产出制造品呈现出了无资源约束的自然产出品的特性，该类商品的利率值为自然增长率，也就是无风险投资条件下的资本边际回报的合理要求。

接下来我们可以看一下资本的边际回报率：任何一项投资，我们所获得的是一系列未来收益流入，这些流入可以商品的形式出现，也可以现金流的形式出现。由于任何产出于未来的商品都存在着超过自然利率回报的约束或要求，同时考虑到未来外部环境的不确定性，该类商品与其他商品的相对交换价值可能出现预期外的波动，因此，依据不同的风险预期，对该类商品未来的利率回报约束应进行相应的调整。调整后的中长期利率水平应是自然增长率的合理倍数，而任何一个行业都应存在一个特定的利率期限结构，它们彼此之间存在着换算的关系。影响这种换算关系的主要因素有：时间、外部资源约束以及标准人内涵的演化。

涉及了资本的边际回报率，我们需要明确这些资金的来源及用意。耗散经济学与传统经济学对于储蓄和投资关系的看法是相同的：这就是认为收入与现期产出的价值相等，现期投资和现期产出中未被用于消费的部分相等，而储蓄与收入超过消费的部分相等，因此储蓄与收入超过消费的部分相等。但是分歧在于：由于任何商品、包括货币具有时间耗散的特性，因此储蓄所代表的对外界“能量”或“秩序”的控制权也随时间的消逝呈现衰减特性。因此如果储蓄所拥有的控制权或支配权不能通过信贷的有效引导，及时投入到那些可以维持或提升经济体系中“能量”或“秩序”的领域，则意味着其自身的无效耗损，因此储蓄与投资的相等是在耗损的自然约束下实现的。

在耗散经济学体系中，我们将“标准劳动者”的特定时空的单位合理报酬作为整个经济体系中的财富计量单位，不同地区或国家的“标准劳动者”的合理报酬根据其特定的环境和人们的合理生存状态而有所不同，但是在特定的经济体系内，则对应着特定的“标准劳动者”内涵，包括其劳动技能、工作效率、家庭负担、个人工作期限、产出报酬要求水平等等。这样，一个经济体的总产出就可以用这些“标准劳动者”的工作时间和其所对应的货币报酬来计量。而整个经济体系产出的耗散特性，也就可以由“标准劳动”的劳动产出品和需求状态的时空耗散特性来定量化地描述。

经济体系中“标准劳动者”的有效工作产出报酬与其合理的个人和家庭的需求相匹配的条件下，体系中各类可寻求经济地租的资源是可以实现整体利润最大化的，同时由于劳动者自身和家庭的内涵提升，可以使这种经济地租空间有效扩大的趋势得以保持。这些虚拟的劳动量所对应的交换价值中一部分，将以各类“炫富心理权证”的形式出现，它们代表着经济体系景气时期的理性泡沫，是维系经济体系运行的必需内容，而另一部分虚拟的劳动量则可能以补充资本品的损耗、增加新的投资的形式出现，在此过程中窖藏的货币应归属于“炫富心理权证”，随着时间的流逝，这种货币所对应的支配权将发生耗散，而这正是通货膨胀的真实发生机制。

当经济体系中的“标准劳动者”内涵得以提升时，整个经济体系呈现出了更高效率的创造财富的能力，这些财富将为“标准劳动者”提供更多的“能量”或“秩序”的支配权来满足其自身和家庭的内涵提升需求。但是，现实的经济运行中，劳动者的工作报酬通常是以劳动的边际产出来定价的，这所导致的问题是：大量具有时间耗散特性的财富被分配到了“资源地租享有者”或“资金经营者”的手中，这些财富中蕴含的“能量”或“秩序”的支配权往往是用来满足众多“标准劳动者”特定时空条件下的需求，但是财富过于集中的分配导致了这些财富本身的存在价值发生扭曲。

因此，那些本来用于维护和提升“标准劳动者”个人和家庭合理需求的“能量”和“秩序”被过度地转移到了资本设备等各类投资标的上，在技术升级有限的条件下，大量的同质的商品供应，导致产品供给稀缺性的降低，直接压缩了各类“经济地租”的寻租空间，压缩了经济体系中原本可以不通过真实劳动就可以创造出的大量的虚拟劳动空间，进一步导致了资本的边际报酬率的迅速下降，直至投资回报被压低到了任何资产都应获得的自然利率或风险调整后的利率期限结构所要求的合理回报水平之下。

当出现上述情况时，投资者倾向于窖藏现金，而不愿将资金借贷或进行投资。由于缺乏投资，大量储蓄的交换价值随着时间的推移而被耗散，最终实现着更低层次上的投资与储蓄的恒等关系。在此期间，前期大量投资所形成的库存商品由于需求的缺乏而被迫降低价格，于是通货紧缩在同质化的生产能力高度发达的经济体系中持续存在。

而当这些生产能力被放弃或提升到未来更高层次的商品制造环节时，经济体系中的“批发商”、“零售商”的去库存过程，伴随着消费者持续的刚性需求的展现，最终将推动经济体系进入到通货膨胀。因此，“标准劳动者”个人和家庭的合理需求得不到与其时空结构匹配的劳动报酬的支撑，是经济体系过剩的生产能力与流动性陷阱出现的根本原因。

通货紧缩和通货膨胀是经济体系对确定数额的计价货币可交换“标准劳动产出”的同步校正过程，其本质是将体系中“标准劳动”所提供的满足特定时空需求的产出与有能力支配这些产出的需求相匹配。在货币流通速度没有发生明显改变的条件下，我们可以看到的是：通货紧缩和通货膨胀所对应的货币购买力的剧烈变化，在此过程中并不是劳动力的雇佣成本太高昂或供给波动剧烈，而是可以满足个人和家庭特定时空需求的“标准劳动”产出的数量太过稀缺或丰富。

在经济体系的一轮繁荣景气的末端时期，我们通常可以看到许多缺乏实质业务支撑的股票、衍生产品或黄金、艺术品、高端物业的交易价格的迅速上升，而市场的交易频率的也在提升，这通常意味着资本边际回报率的约束在促使资金寻找那些可以跨越经济周期的投资标的过程。在经济体系中财富随时间耗散的特性尚未显现前，这些价格高估的炫富心理权证承担了类似窖藏货币的职能，这种职能的本质是人们的流动性偏好，也就是在资本的边际回报低于自然利率的期限结构时，人们宁可持有流动性较好的贵金属或其替代品“炫富心理权证”。

过度高估的股票、衍生品、艺术品、高端物业等这些可充分吸纳流动性的载体，在经济出现泡沫的时期内，形成了一种特殊的耗散结构，也就是由货币购买所维持的一种不稳定结构，而当市场中的某种经济恐慌导致资金流入的断裂，就是这一耗散结构的崩溃和坍塌的时刻。而这之前使得所有参与者感到欣喜和兴奋的财富泡沫扩大化过程，常被老练的投资者称为“时间的玫瑰”，而这也是对耗散结构的合理比喻。

上述过程对经济体系的健康运行是十分重要的，这是因为大量的过度储蓄或分配不均所导致的低效财富所形成的货币流通压力，通过“炫富心理权证”的高频率交易过程被释放，这些体系无效运行所产生的冗余货币，在市场坍塌的过程中以一种理性和和平的方式被耗散，或者也可以说是从经济体系中被清除。1980 年以来的股票市场、期货市场、房贷衍生品等市场的繁荣，以及其与生俱来强烈的波动特性，正是过去 30 年来经济体体系中通货膨胀现象被显著遏制的根本原因。

当生产能力过剩导致通货紧缩时，凯恩斯提出的通过扩大总需求来拉动经济的做法，本质上是一种高频低效消耗外部“能量”和“秩序”的过程，将本应由“标准劳动者”合理消费需求所引导的投资决策，转化为由政府计划支配的以基础建设、带动就业为主的投资行为，在短期内这种经济政策是可以免除人们面临极度物资匮乏痛苦的，但是从长期来看，这种政策的最终目的，是为经济体系找到新的增长动力提供足够的时间，这种增长可能来自于战争、技术提升或新的资源的开发利用等。

当技术或新资源的开发使得新型的可创造大量虚拟劳动量的投资产业成为经济体系的主导的时候，人们也就进入新的一轮财富创造、“标准劳动”的报酬等于边际产出、财富分配不均、新的产能再次出现、资本的边际回报率低于自然利率的期限结构、大量冗余货币通过“炫富心理权证”从流通体系清除、然后某种经济恐慌导致现行的宏观非平衡耗散结构出现坍塌，于是又进入新一轮通货紧缩，产能过剩和经济不景气，以及需要政府通过投资来拉动就业的经济循环。

在股票、期货、期权和房贷衍生品市场的壮大和繁荣之前的20世纪70年代，弗里德曼曾经谈到：“对于收入周转率等变量而言，任何广泛接触货币数据资料的人都不能不产生这样的印象，也就是它们具有一种非同一般的可实证的稳定性和规律性。”对于货币主义者而言，货币需求量对利率是完全不敏感的，这也就是说当货币流通速度一定的情况下，货币存量M与周转率V所决定的名义GDP中，如果V保持不变，则决定名义GDP或经济体系中产出数量Q与产出品平均价格之积的PQ的，就是货币供应量M。

在股票、债券及衍生品市场迅速发展的20世纪50年代之前，经济体系中的货币周转率V主要由信贷等环节所制约，特别是M2的周转率呈现相当程度的稳定特征。但是从20世纪50年代开始，随着流动性工具的不断被创造和提升效率，以美国经济体系为代表的M1的周转率呈现出持续的提升过程，而正如我们前面所提到的M1是一个经济体系活力和发展状况最有效的指标，因此货币主义者所提出的货币周转速度恒定假设中的关键环节就出现了问题。但是，如果我们将视野回放到那些早期的货币周转率处于低位状态的经济体系中时，上述货币主义者的分析过程是成立的。

货币主义者提出：固定的货币增长率，也就是每年3%—5%的增长率，是可以消除形成经济体系不稳定的主要因素的，也就是那些由于货币政策反复无常所造成的不可靠变动；如果货币供应量大体按照潜在GDP增长率来执行的话，整个经济体系就可以实现物价稳定。从耗散经济学的观点来看，上述观点在经济低速运行的条件下是可以部分成立的，但认知的过程有所不同，这就是我们所提出的货币本身具有随时间演变的耗散特性，并存在自然利率的约束。

但是，由于存在技术水平的跳跃性进步，人固有的情感秩序对各类政策选择的导向作用，以及更广阔资源的开发，使得上述经济低速稳定运行的存在条件很难长期存在。因此，上述理想的货币政策手段存在的必要条件是：经济体系中“标准劳动者”的有效劳动报酬与其个人和家庭的合理需求实现匹配；经济体系中资产回报的边际效率与在自然增长率基础上形成的利率期限结构实现吻合；整个宏观耗散经济结构中的“负熵”产生效率达到优化状态，也就是对外部“能量”和“秩序”的利用过程达到最低耗散境界。

上述内容涉及的是货币体系运行的最优状态分析。下面我们来看一下低通货膨胀、急剧通货膨胀和恶性通货膨胀。萨缪尔森经济学中将低通货膨胀定义为一位数的通货膨胀，此时人们对货币比较信任，货币的交换价值在短期内不会出现较大的变化。人们很愿意签订以货币形式来表示的长期合同；急剧通货膨胀的定义则指总价格水平以每年

20%、100%或200%的速率上涨；恶性通货膨胀则是指经济体系无法运行的状态，在这种状态下，物价以惊人的速率持续上涨，那些存在于债权人和债务人之间的资金关系，变得混乱不堪甚至完全失去意义，获得财富的途径退化到依靠赌博和运气的境地。

从耗散经济学的观点来看：低通货膨胀状态所对应的是宏观耗散经济体系的非平衡定态。在该状态中，各个子经济体系通过对外部"能量"和"秩序"的利用，通过自发反应和非自发反应的相互影响过程，有效地完成着自身经济结构的维持和提升，在外部资源约束既定的情形下，参考生态学的"逻辑斯蒂方程"，我们可以提出2.444%—2.57%左右的自然增长率是均衡的系统结构应具备的提升速率，这也就意味着如果上述各经济子体系的内部提升效率达到了自然进化所给我们揭示的均衡值区域之后，整个经济体系就进入了一种稳定的宏观非平衡定态。尽管系统内会出现2、4、8年的周期性的波动现象，但是整个耗散结构是稳定的，每一个参与其中的个体都可以确定地完成自身结构的维持和提升。

由于每个个体拥有着对外界环境稳定的预期，人们可通过固定的货币媒介来完成各类产出品的合理交换，这些货币在较短期限内的交换价值的耗散程度并不显著，因此系统内的财富积累是一种良性的滚动运行状态。人们可以根据自身或家庭的特定时空条件下需求状况，将手中的货币转化具体的支配权利的使用，也可以在超出特定的时空条件下仍然兑现货币的控制权。但是，由于人们没有将手中的储蓄投入到可获取未来“能量”和“秩序”的投资活动中，因此其窖藏的货币必然以超过2%以上的速率发生耗散。

从这个角度来看，2%—3%左右的货币贬值状态是货币作为一种特殊的商品存在的必然的一种利率要求，因此严格意义上讲，这种合理的必然的耗散特性不应划归为通货膨胀的范畴，而应当理解为一种惩罚：也就是在宏观耗散经济体系内，低于2.444%—2.57%的增长基准是应当受到惩罚的，是一种对竞争中无作为性质的浪费资源行为的合理惩罚。因此，我们说在宏观耗散非平衡定态的经济体系中，2%—3%左右的轻微通货膨胀是经济体系运行的合理润滑剂，是避免体系趋向宏观平衡态的有效警示工具。

自然界的长期生态演化所形成的"负熵"转化效率是一种长期均衡最优的状态；而人们所处的经济体系中，由于人的"有限理性"和"个人情感秩序"的影响，体系对外部的"能量"和"秩序"存在着因类似"牛鞭效应"等因素所造成的无效利用过程，因此在特定的一些时空内，或者是由于技术水平的提升、或者是由于异常订单行为的产生，人们所处的经济体系的扩张速率时常会超越了2.57%的门槛。

无论体系内"负熵"的产生效率是否真正达到了较高的层级，这种扩张通常意味着对"能量"和"秩序"的高耗散的利用过程。参考生态学中的"逻辑斯蒂方程"的模型运行结果，当系统的 r 值达到2.57%以上的区间时，整个经济系统的行为将进入一系列相继的稳定区域（这些区域是传统的经济学理论可以控制的区域）和不稳定区域（系统在这些区域可以在多于一种可能的未来之间作出选择）。

因此，在通货膨胀的判定上，我们更倾向于将那些不可预期的价格变动归属于通货膨胀领域。一个典型的例子是俄罗斯在1992年的物价放开，过去几十年来人们所习惯的稳定的价格体系，在随后的几年内出现了巨幅的飙升过程；另一个例子是20世纪20年代的德意志魏玛共和国，从1922年1月到1923年11月，该国物价指数从1上升到了10000000000。这些典型的恶性通货膨胀，通常伴随着自身经济体系整个结构的崩溃过程，尽管有着显著的超预期特征，但涉及更多的是国与国之间的竞争问题，因此，对于分析通货膨胀的成因缺乏支撑作用。

值得研究的是急剧通货膨胀，典型的例子有20世纪七八十年代的阿根廷和巴西，年通货膨胀率达到了50%—700%；此外还有像意大利和日本等发达工业国家所经历的通货膨胀过程。这些经济体系的发展样本给我们的启示是：当经济体系中的工业技术等出现显著的提升或广泛的应用得时期，通常会较快地提升经济体系的扩张速度，这种扩张类似于生态学“逻辑斯蒂方程”中的 r 值超越2.57%后的状态，经济体系将出现趋向“混沌”的运行状态。

如果细分这一过程，我们可以进一步看到：当工业技术迅速拉升经济体系某些环节创造虚拟劳动量的效率的同时，大量创生的货币财富是集中于局部的某些略带垄断性质的企业手中，这往往意味着工业技术在较短的时间内摧毁了那些技术落后的同类产业工人或企业的财富创造能力。于是具备“标准劳动”能力的劳动者个人和家庭的合理需求与工作报酬之间的联系被工业技术的提升所阻断。

货币财富的本质属性是用来满足人的基本需求的，如果货币财富被持续窖藏或储备，则体系中工业生产所提供的“能量”和“秩序”必然出现持续的耗散状态。而货币的供应过程存在着一种类菜单成本的因素在发挥作用，尽管过多的货币供应量与较低的货币流通速度是可以保持稳定运行的，但是当某些特殊的经济恐慌由于某个人或某事件被放大后，整个经济体系将进入一种不稳定的状态。

当更多地人们发现或认为手中所持有的货币所对应的商品总量发生减少时，就会出现群体性的将货币转化为实物的行为，于是整个经济体系就出现了剧烈的通货膨胀过程。在这种情形下，如果经济体系内存在着可替代实物的、流通性较好的股票或衍生品投资标的，则上述因经济恐慌所造成的货币流通压力将被稀释，而经济体系也会呈现出较为稳定的特征。因此，我们就得出了股票、衍生品所构成的资本市场的一种特有的社会功能，或者也可以说其存在的意义，这对其创造财富的基本功能来讲不能不称作是一种讽刺。

主要投资标的耗散结构特性及投资原则

在耗散经济学体系内，股票超越其合理估值部分被划入了“炫富心理权证”类别，在特定的时期内债券和窖藏货币等也可划归该类别；这样的划分过程尚未处理那些处于合理估值状态的股票、债券。为此，我们需要专门针对该环节进行相关的探讨，也就是寻求耗散经济体系中那些具有自我提升和扩张能力的低耗散结构。

先来看窖藏货币，由于货币反映的是对特定时空劳动产出的支配权，而产出品随时间的流逝存在耗散特性，因此货币本身就内嵌了随时间耗散的特性，这种特性在整个经济体系内的劳动者合理需求与其劳动报酬出现严重的不匹配的条件下经常被放大为显著的通货膨胀，尽管在特定的早期阶段会出现通货紧缩，但长远来看通货膨胀是主要的演化趋势。因此窖藏货币，特别是由脆弱的政府信用支持的纸币，它们是不具备自我提升和实现扩张的能力的，而更倾向于被定义为纯粹的交易工具。

债券的特性要比货币有所提升，发行时通常规定了固定利率、浮动利率或是某种与特定环节挂钩的利率，它的内涵或属性与一个实体相关联，这些实体可能是一个国家，也可能是一个公司，而后者具备了耗散结构的所有特性。从中短期来看，一些对实体耗散结构特性理解程度较深的个人或机构可以通过较高频率的买入和卖出，成为该类投资品种的短期获益者。此外，债券的返本承诺是与众多资金提供者的特性需求相匹配的。

但是从长期来看，我们认为投资债券将使投资者错失投资机会。通常发行债券都是在经济景气或经济运行较为平稳的时期，人们在这种经济环境下对债券的利率要求处于较为中性的区域，利率的调整幅度通常不会考虑经济体系出现萧条之后的情况，而后者则意味着经济体系偏高的耗散特性，真实利率要求将迅速飙升，这样的利率通常会迫使前期发行的长期债券的真实交易价格迅速下跌。

关联于某个企业的债券发行后，可能会面临两种情况，一种是该企业运营良好，公司的股权收益将持续好过债券收益，投资者面临的是一种机会的丧失；而另一种情况是经济出现衰退，或者是企业经营出现问题，如果企业部分放弃或完全放弃履行承诺，则债券的表现将会大打折扣或完全丧失，可能的获益情况将远低于预期。如果企业履行义务兑现债券利息和本金返还，则债券的表现将会暂时优于股权收益。但接下来的政府可能为摆脱经济萧条而采取的扩大需求的政策措施，往往会使货币的真实购买力再次出现下降，而债券的利息和本金的购买力将遭受损失。

债券投资较为适合的是那些保险公司、银行以及养老基金等，这些在特定时间窗口有履行支付义务的机构投资者，此外有着较高投资技巧的个人投资者，如果能够把握利率资金供给的演变趋势，也是债券适合的投资者。但是债券所构成的准耗散结构体，它不能通过所嵌套的实体来现自身结构的提升和扩张，具有趋向宏观平衡态的本质特性，因此不能成为耗散经济体系中最适合的投资标的，它们无法提供足够的对未来的“能量”或“秩序”的控制权，无法完全抵消货币购买力耗散的趋势。

从另一个角度来看，债券却是十分有利于债券发行者或承销者的，是他们低成本吸收外部“能量”和“秩序”的良好工具。此外，当经济体系中各类经济地租形成的低质财富过于充裕时，或是由于分配不公所导致的财富积累缺乏投资标的时，债券是一个有效的合理的通道，可以将经济体系内这些过剩的劳动支配权，有效地转移到那些可以创造“负熵”的耗散结构体内，从而实现整个宏观耗散结构的提升和扩张。

市场中的另一些品种，包括房贷衍生品、期权、期货等投资标的，从本质上来看，都具有上述债券所具有的一些特征。由于这些标的产生收益的时空条件约束较强，投资者实质上是将无时空约束的对外界“能量”和“秩序”的控制权，转化为特定较窄的时空条件下的总额加倍的控制权。由于耗散经济体系中的经济涨落临界点的随机出现特性，上述特定的时空条件通常在较大的概率下是难以出现的。但是，投资者往往欠缺理解这些复杂环节的能力，在自身所习惯的情感秩序的引导下，对确定性或超额收益的偏好导致其作出风险和收益不相匹配的投资决策。

但是，如果宏观经济体系中存在着过量的低质财富，则房贷衍生品、期权和期货还是可以看做是一类高效率吸取外界“能量”和“秩序”的工具。因此，在解决经济体系内“标准劳动者”个人和家庭合理需求与其劳动报酬相匹配的过程中，这些衍生品起到了消除耗散经济体系内低效率财富的功能。

这是一种类似人体内消除过量的脂肪堆积的过程，而这就是高速运转的耗散结构共同面临的一种复杂问题，就是如何保持适当的“能量”和“秩序”支配权或储备，来有效满足体系内的宏观非平衡定态。有效解决“熵流”流动速率的问题，将意味着耗散结构利用外部“能量”和“秩序”效率的提升，将是体系内自发过程有序进行的合理保障，也是非自发过程产生的必要条件。这就是衍生品在资本市场中存在的价值或意义。

从普通投资者的角度来看，在没有完全理解上述投资标的真实意义的情形下，盲目投资衍生品和债券将丧失自身应有的支配权或控制权，是对个人财富的一种低效耗损的过程，这意味着我们将失去提升自己的外部资源。这进一步就提出了个人投资者如何寻找合理投资标的的问题。从过去的投资经验来看，我们认为以下特征是投资者判定企业是否是最佳的耗散结构投资标的的主要依据：

特征一：企业所能提供的“能量”或“秩序”类型有无充分的市场需求，也就这种特定的产品或服务在未来可预期的时空条件下，是否有出众的能力来满足“标准劳动者”在未来特定时空条件下的需求，这样该企业才能保证对未来“能量”和“秩序”的控制和支配权，从而满足自身结构的提升和扩张。如果该企业未来的销售总量将出现持续且较大幅度的提升，这样的投资标的就是最具投资潜力的耗散经济结构。因此，判断一个企业的长期的销售总额演变曲线就是最重要的投资策略依据。

在企业实现销售的过程中，那些可有效控制产出成本的投资标的，通常会给人们带来短期利好的喜讯，但是从耗散结构体系的财富创造过程来看，那些通过技术普及或推广而导致的产出的迅速提升，通常意味着该类产品的经济寻租空间的迅速下降，特别是当消费者对该类产品或服务的需求接近饱和的情形下，生产效率的提升实质是将产品的交换价值向类似使用价值较高但交换价值有限的公共资源推进，因此，从积累财富的角度来看，这种简单改进的作用是缺乏长期投资价值的。

特征二：企业所形成的耗散结构创造“负熵”的能力是否足够强大。通常经济涨落的随机出现，使得那些经营良好的企业的产品市场需求也会出现波动，但是一些企业销售额的增长是可以获得持续的市场需求支撑的，这可能来自两类情形：一类是构成该企业的耗散结构正好符合了随着时空演变的“标准劳动者”整体需求的动态变化，这可能是一种幸运的因素或先天的禀赋在发挥作用。而另一企业则是通过建立可以调整和提升自身的耗散结构以适应变化的市场需求来实现自身销售额的持续大幅增长的，具体有以下途径：为了提高自身产出与未来特定时空“标准劳动者”需求的有效匹配，不同的公司采取了不同的研究发展的投入，有些公司由于目前的产品销售良好，未来几年的增长有所保障后，新的产品线开发便不再投入。但是未来几十年中，“标准劳动者”的需求在技术创新的推动下通常会呈现出丰富的变化特征，因此，一个公司所形成耗散结构是否具有吸收外界未来“秩序”变化的能力或强烈的意愿，对公司的未来结构的提升和扩张是有着重要意义的。

因此，当一个企业所构成的耗散结构从外界获取可支配的“能量”和“秩序”后，如果这些“能量”和“秩序”在满足了自身的维持性投入后，这包括工作者的合理报酬、企业的资本设备补偿性的投入等，该企业究竟有多少可支配“标准劳动”的财富积累可以投入到研发领域，投入到那些可有效改变和提升自身结构和产出能力的“负熵”创造领域，是一个企业能否在未来胜出的关键。由于资源和禀赋的有限性，人们聚焦在某一个领域的研发通常会产生较好的效果。

在企业这个特殊的耗散结构中，那些传统的营销、销售、生产、人事和后勤等业务是常规的“熵产生”过程，也是自发过程的载体，在这些环节的互动过程中，企业的研究发展部门或是嵌套在上述环节中的具有创新职能的人员或部门，能否在企业自身耗散结构与外部经济体系的“能量”和“秩序”的交换过程中，发现和创造新的有效实现销售总额增长的产品线，是企业的“负熵”形成的关键因素，是企业这个耗散结构实现自我提升的关键路径。

企业“负熵”的形成有以下几个关键的环节：第一，协调不同背景的研究开发人员的工作并形成协同效应，并将研发人员与销售和生产环节建立起紧密的联系。第二，要有足够的投入以保障的经济景气的时候，研发的主要力量不会被临时调入短、平、快的研究项目，而在经济不景气的时候，也不会大幅削减研究发展课题。企业的“负熵”形成过程是一种在外部“熵流”供给存在条件下，通过自发进程的演变而形成的非自发进程，而后者又将对整个耗散结构产生正反馈的积极作用，这是一种超越管理者主观规划能力的演化过程，因此，对于企业决策层来讲，如何管理好研发环节是最具挑战性的，而好的态度是必要的条件。第三，企业总是与外部的环境相互合作的，如何从外部环境更有效获取“负熵”是一个值得思考问题。例如，在与科研机构合作的过程中，那些可以转化为自身特有竞争优势的产品研发项目总是最佳的选择。

特征三：企业与外部经济体系互动

的关键环节——销售组织是否能力出众。每个“标准劳动者”其需求结构都是动态变化的，这些需求有时是潜在存在的，需要销售人员的直接引导才能产生购买动机，有时需求则是明显存在的，所需要的只是将企业的产品与消费者在特定时空条件下完成匹配。因此，销售环节解决的是经济体系中不同类型耗散结构之间的“熵流”的交换过程，因此它和“负熵”产生的过程是一样重要的。

在激烈竞争的销售领域，如果公司的产品不能为客户提供令人满意的服务则会导致企业的销售总额锐减，而没有善于销售的人员和组织，具有自我提升能力的企业也将自我消沉。因此那些对销售组织投入充足培训力量的企业，能够迅速感知和把握明天的“标准劳动者”个人和家庭需求内涵的销售团队，通常会因客户的满意而为公司带来重复性的销售收入，进而为公司品牌和口碑的树立奠定了基础。因此，判断一个企业有无自我提升能力的另一个关键环节就是企业有无具有旺盛生命力的销售组织，或者说该企业是否十分重视不断改善销售人员的素质。

特征四：企业所形成的耗散结构是否可以有效运转，来维持自身的宏观非平衡定态。单独的人所形成的耗散结构是在长期的自然竞争中演化而成的，其内在的运作效率是高度进化的成功案例，但是由人与人所构建起来的企业这一类型的耗散结构，其自身结构中的各类职能部门、企业高层管理人员之间，劳工与资方之间能否彼此和谐地共处，来完成企业自身利益最大化的目标，是决定企业这类耗散结构能否维持其非平衡定态的必要条件。

在这一环节中主要涉及两类角色：一类是“标准劳动者”的工作内容能否与其个人的特定需求所匹配，这包括工作性质与个人习性的匹配，工作成果与职责权利的合理匹配以及个人与企业文化之间的良性互动等内容；如果企业中的“标准劳动者”认为自身的劳动受到了雇主的公平对待，企业内部人际关系良好，则管理层往往可以大幅提高企业员工的生产效率；此外，那些工资水准超越本地劳动报酬基准的企业，也往往反映了良好的劳资关系，其盈利水平通常也高于其他企业。另一类涉及的“资金的经营者”。通常高级管理层的决策水平、领导才能、执行能力和创造力往往决定了企业的成败，他们举足轻重且压力很大，而只要有人的地方就自然会有摩擦的产生，难免会有结党成群的现象，因此，如何实现这些高级管理层人员的携手合作是企业运行的一个重要环节。因此管理层是否有深度、是否懂得适度放权、是否有着谨慎的态度来应对未来的瞬息万变的市场环境，都是值得考察的重要环节。

特征五：公司的利润率或财务管理水平是否有竞争力。建立良好的成本会计体系，了解企业每一个维度的经营成本和利润水平，是企业有效制定价格和成本策略的决策支撑。通过对明细销售数据的分析，企业决策者可以明确地知道哪些产品是创造利润的，并可以继续大规模地推广和营销，而哪些环节表面上呈现旺盛发展的势头，但却是真实的资本杀手。在此基础上形成的企业利润率分析就可以判定企业自身的生存能力。

企业营业额的高增长，最终应表现在企业利润率上，如果一家企业的利润率过低或处于盈亏平衡的边际，则在经济景气回落的时候往往容易受到市场竞争的冲击；不过在经济走向景气的过程中，这些利润率过低或处于盈亏边缘的企业往往展现出较快速的利润增长率。因此，从长期投资的角度来看，那些利润率水平高的企业往往可以跨越经济涨落中的景气波动风险。而那些历史较长且规模较大的公司，通常在业内有着最高的利润率，这些企业是可以为投资者带来长期高额财富的投资标的。

有几点需要投资者特别注意的是：行业的竞争最终将迫使产品的利润率出现下降，因此通过提价或压缩成本、提升现有技术的做法来提高利润率的企业，大多无法获取持续的经济地租利润。其次，对专利权的拥有，也通常无法有效阻挡各类竞争者的仿制和改进，其对维持较高的利润率作用有限，特别是在工程设计领域。此外，企业为获得较高的利润率的过程中，是否在以苛刻的方式对待供应商以及客户，都决定了企业在不同的经济景气条件下能否获取稳定利润率的关键因素。上述做法应是耗散经济体系中最佳投资标的所应摒弃的经营手法。

特征六：公司管理层应具备诚信正直，忠于股东利益的职业操守。公司的管理层比股东更为接近资金的运作环节，因此有很多方法和途径可以牺牲股东的利益，来为自己谋取利益。这些做法有时很难察觉，因此对滥用职权的管理层，投资者保护自己的唯一方法就是远离那些对股东缺乏责任感和道德感的公司。此外，任何企业的经营都将遇到挫折和问题，如果企业的管理层习惯于隐瞒问题，而倾向夸大自身所取得成绩，这样的企业也往往是投资者应该规避的，它反映企业管理层的诚信环节缺乏完整性。

在企业管理层忠于股东利益环节上，有一个关键的问题值得关注，就是这家公司是否会大量发行新股，来获取足够的资金保证自身的扩张和发展，但是现有股东的利益却因为这种成长而被稀释？如果公司在发行新股之后，普通股持有人的每股盈余仅有小幅增长，我们通常可以判断企业管理层的财务判断能力相当差。投资人不应当对10%—20%的小涨幅发生兴趣，而应力求寻找未来几年出现数倍于此的投资标的。

运用耗散经济学分析方法建立起来的投资标的是可以满足在未来长期的高成长特性的，通常那些运用娴熟的短线投资技巧最后获得投资利润，与这些有生命力的耗散结构所创造的投资收益相差甚远。这类型股票标的之所以投资利润如此之高，主要原因有两个，一个是其自身每几年就可以实现成倍扩张；另一个就是在大部分的市场交易过程中，这些投资标的至少有50%的低估空间。

下面我们来看一下耗散经济学派投资者所应遵守的投资原则：

原则一：选择高成长型企业；投资成功的核心，在于找到未来几年每股盈余将大幅成长的少数股票。买到正确的股票，并持有足够长的时间，通常他们会创造可观的利润。投资者的目标应当仅仅是以合理的价格买入一家自己所了解的公司股权，在从现在开始的5—20年内，这家公司的收益将会确定性地出现大幅增长。在跨越足够长的时间后，投资者通常会发现符合这些标准的企业只有少数几家，所以一旦看到一家完全合格的公司，就应当买入足够数量的股票，而且还应忍受偏离既定方针的诱惑。

成立时间较长的大型成长企业要优于中小型成长企业。在可长期投资的耗散投资标的中，成立期限较短且与外部环境互动较好的小型成长型企业有可能获得最大的涨幅，有时这种涨幅会呈现惊人的状态。但是，由于多类复杂耗散结构的相互作用往往会形成复杂的经济气候特征，因此即使最具有创造力的小型成长企业，也有可能在特定的时空条件下无法继续生存，而这将导致投资者资金的血本无归。

因此，对于小型成长企业的投资要慎重，尽管这当中蕴含了诱人的高额投资回报机会。而那些历史悠久、根基较为稳固的成长型企业，其所形成的耗散结构保留了在过去多种异常的经济环境气候下实现创新发展的基因类组织成分，正是这些基因类组织成分的自我复制和提升，实现了这些公司在经济萧条中较强的御寒能力，以及在经济景气当中的扩张能力。

原则二：在适当的安全边际内买入有长期扩张能力的耗散结构投资标的。从耗散经济学的角度来看，整个宏观经济体系是一个耗散结构，其中存在大量的小的耗散结构彼此作用，其中一些环节的自发进程与非自发进程的相互作用所形成的正反馈机制在持续发生作用，并导致这些环节在整个宏观经济体系中的重要性日益增强；另一些环节的非自发过程或“负熵”的形成概率接近于零，它们呈现着趋向宏观平衡态的趋势，这些环节在宏观经济体系中的位置在逐渐消失；还有一些环节通过高频率地使用外部环境所提供的“熵流”来机械地维持自身的秩序。

当外部环境发生变化的时候，上述各类环节的运行状态可能发生显著的改变，一些环节可能会面临着自身临界值的到达，其所处的耗散结构将产生显著的变化，而另一些环节则由上述三种状态中的一种转变为另一种。同时从整个宏观经济体系来看，则呈现出了周期性的涨落现象，如果从较短的时间窗来看，这个体系的内部估值体系，呈现出了一种近似非理性的状态，这也就是本·格雷厄姆提出“市场先生”概念：

“市场先生的概念，这是一个无论你是否希望，每天都会露面从你这里买股票或卖股票的乐于助人的朋友。这位朋友每天都会出现，报出一个他既会买入也会卖出的价格。这位可怜的市场先生有易动感情的不治之症，也就是说即使企业的经济特性非常稳定，市场先生的报价也不会稳定。有时候，市场先生心情愉快，只能看到影响企业的有利因素，这时他会报出非常高的买卖价格；有时候，市场先生情绪低落，只能看到企业和外部环境的不良一面，这时他会报出一个非常低的价格。”

市场先生概念其实就是人们对充满涨落变化的资本市场的习惯性反应，这是一种人长期应对外界变化所形成的一种自然的情感秩序，其存在的价值是有助于形成一种稳定的社会秩序，但却不是对经济体系中的有扩张能力的耗散结构的合理估值。经济涨落是无法预知的，我们应放弃猜测整个经济可能涨落的方向，而应将精力放到判断投资标的相对于整个经济会有怎样的表现。

我们应聚焦于评估企业的长期经济特性的可信度，评估企业管理人员的诚信度、管理能力和潜在发展的趋势；我们应以股东的角度来衡量企业的回报；我们应聚焦于那些有良好的长期发展前景的企业，这些企业应由正直和诚实的人们经营的，并且是可以用非常合适的价格购买到的，这就是强调在买入价格上要有足够的安全边际。如果一只股票的价值仅仅略高于它的价格，则不应对这只普通股产生任何兴趣。

由市场先生所提供报价的市场交易机制，在许多情形下，为投资者提供了比其内在价值一半还低的价格进行交易；如果可以将我们的思考和行动与市场中极易传染的情绪相隔绝，则我们的投资就可以取得成功；使用这种方法可以使交易活跃的市场更有效率，因为令人垂涎的投资机会得以周期性地展现。但是，如果企业未来的资本回报收益令人满意，管理人员诚信且能力出众，同时市场没有过度高估企业的价值，我们就应长期地持有这样的股权投资标的。

原则三：应把握好购买投资标的的时机。资金的使用通常都有时间的限制，因此我们应在详细掌握所投资标的的企业运转情况的条件下，尽量把握那些可以对公司的经营业绩有催化作用的因素，例如管理层的股权激励措施等。同时应注意市场中金融领域人士对该类投资标的的评级情况，这些评级通常反映了人们对该类投资标的的喜好程度，对于长期投资者来讲，避免与市场随波逐流，当市场向左走的时候，选择向右走是可能促进投资收益的因素。只有那些具备较大概率出现上涨机会的投资标的，才应纳入我们的投资范围当中。

此外，那些适合投资的公司，盈利状况将得到大幅的改善，但盈利增长的市场预期尚未使该公司股票有所反应，这种时刻通常是适合投资的公司所处于的适合的买点。即使这种情况没有发生，但只要买进了出色的公司，长期投资者仍然可以获利，只不过需要一些耐性。

如果无法确定目前的时机是最好的时机，投资者一旦发觉自己确实找到适合投资的投资标的，就应该开始少量买进，不过进一步加仓的过程应慎重，投资者可以在几年的时间内按照一定的计划分批买入。这样做的目的是，如果期间市场或股票发生较大的跌幅，投资者仍然可以保持足够的购买力来掌握下跌出现的机会。而如果选择的投资标的表现良好，则投资者手中至少有一些获利的筹码。这种做法是对时机无法把握的投资者的一种较为安全的投资方法。

原则五：对“市场有效性”给予深度质疑。金融专业学院派的理论强调市场有效性的理论分析是建立在经典热力学思考哲学基础之上的，但实际上经典热力学只考虑最简单的自发过程体系和没有任何过程的平衡体系，这些体系是属于非耦合体系。市场有效性强调信息扩张的同时性、同步性，人们无法从信息中获取超额的收益，这本身与大量耦合体系所构成的耗散经济体系的非自发进程所产生的偶然性是相抵触的。

基于"市场有效性"理论，人们所得出的投资组合理论是强调分散投资的，最好的投资组合是高度分散的指数投资。人们的确可以理解将所有鸡蛋放在一个篮子中的问题，但是如果将这种思考方式过度扩展则是十分有害的。由于人的精力和时间的有限性，获取信息的非同步性，我们无法了解将鸡蛋所分别放入的那每一个篮子的演变情况，通常这些不同的篮子都代表着本质不同的耗散结构，在这些耗散结构的内部都各自存在着一种特定的涨落机制，而临界点又是如此的千差万别。

因此，投资者应根据自身知识和经验以及获取外部信息的能力来决定自己所能分散投资的程度。从经验来看一个合理的投资分散组合不应超过 20 只投资标的，小资金的投资组合不应超过 12 只投资标的。在这些投资标的中，应有 3—5 只是投资者通过较长时间审慎观察可以确定其成长特性的中大盘股，这些根基稳固的蓝筹股权旗下的产品线应尽量避免交叉重叠，以规避某一个行业可能会出现的风险或问题。上述每只股票的仓位不应超过20%。此外，这3—5只大型成长股应大致可以跟踪整个宏观经济体系的演化趋势，以规避踏空的风险，因为从长期来看，整个宏观经济体系的“负熵”所推动的自身提升和扩展是确定的。

投资组合中剩余的股票则应介于风险高的新兴小盘高成长公司与中大盘成长型股票之间。这些投资标的在组合中的投资比例上限应在10%左右，它们与前一类投资标的的比例大致在一比二左右。对于小盘新兴成长企业，投资者应对该公司所处行业的总销售额及增长潜力、该行业内竞争者的最优结构及目前状况以及该公司的销售总额、市场份额及其增长率有确切的判断和了解。由于股票的价格是由未来决定，因此，历史价格不应是投资者关心的，我们对P/E和P/B的考察放在从属的位置。

在信息获取较为容易的今天，人们

对小盘成长型股票的投资热情往往使得这类公司的交易价格超过了其合理的估值。鉴别这类股票是否超出合理限度的方法也较为容易：通过对公司股票的市值、行业的年销售总量及增长潜力、公司所能达到的最佳市场份额比例，以及公司目前的销售额即总利润，投资者可以通过计算上述各个数据之间的合理关联比例，就可以得出该类股票是否超出了合理估值的范畴。那些通过各类方法筛选出的小行业中的大巨人，通常是这类股票标的的最佳选择。

原则六：勇于承担自己的决策失误，卖出不适合的投资标的。当我们买入股票后如果发现这些股票并不符合最初我们所确定的投资标准，这包括企业的管理层的进取意志、管理水平、绩效要求等出现了退化的现象，或者是企业所处的行业不再符合“标准劳动者”个人或家庭的现时需求时，投资者通常会面临着在赢利或亏损条件下的卖出决策。

让我们先来看一个个人决策的实验，它有两个问题与答案：

问题1：除了现有的钱，先支付你1000元，然后在选项A和选项B中做出选择：选项A，50%的概率获得1000元，50%概率得0元；选项B，肯定会获得500元；70名参试者中84%的人选择了B。

问题2：除了现有的钱，先支付你2000元，然后要在选项C和选项D中做出选择：选项C，50%的概率损失1000元，50%没有损失；选项D，肯定会损失500元；70名参试者中70%的人选择了C。

可以看到：上述两个问题本质上是完全相同的，投资者实际上获得了价值为1500元的资产，但是由于问题提出的框架不同，导致了应答者的选择出现差异。它表明：面对收益时，人们通常会选择规避风险；面对损失时，人们通常会选择偏好风险。投资者通常会面临着与上述实验相类似的决策困境，这与我们每个人的自尊心等情感秩序类因素有关。

没有人愿意公开承认自己犯下了错误。例如，通常我们会认为卖出时能过获取至少一定幅度的利润，就会使自己当初的决策显得不那样愚蠢，相反如果卖出时发生小幅亏损却使我们对整个投资的感觉非常不佳。这是一种非常自然的人的情感反应，但是正是这一点导致了众多的投资决策过程中的判断与操作的不一致。

如果我们放纵我们的情感，则投资者手中长期持有的就是那些最终会给我们带来大幅亏损的投资标的；如果投资者认识到决策失误后能够当机立断，认赔卖出并将资金转移那些符合投资标准的股票上，这些股票最终的良好回报会抵消我们前期决策失误所造成损失；因此，上述放纵情感导致错误所损耗的机会成本也就更加高昂。

原则七：正确处理股市趋势转换、周期波动等提供给成长股投资者的操作机会。如果我们按照前述所列的特征买进了股票，通常卖出股票的合理理由很少会出现，这种可能的情形包括发现了更好的更有增长潜力的成长股，而投资资金成为约束时。即使有资本利得税的影响，换股买进发展前景更为良好的股票也是值得的，因为未来的投资收益将远超上述成本，但投资者应确认所换的股票是更优质的投资标的。

此外宏观经济的整体波动过程中，特别是人们的情感秩序所引致的“市场先生”过于乐观的报价出现后，较为成熟的投资者是懂得在市场高点回探下跌趋势确认的时点选择抛出股票的；但是少数成功的投资者了解这样一个原则：一旦某支股票被审慎地挑选出来，并且历经了长时间的考验，则人们很难找到理由将它卖掉。

卖出手中成长股的假设是市场将出现下跌的过程，而在市场底部我们会将其买回；经验告诉我们很多投资人因为担忧下跌市场的来临而抛售了未来几年都将持续上涨的股票，然而下跌市场却没有出现；而那些市场小幅下跌后的卖空者，却很少能够比当初还要低的价格买回这些优质的筹码。通常成长股的股票不会跌得很深，而投资者却还在苦苦等待股价进一步的跌幅；或者股价的确出现了跌幅，投资者却在担忧别的更糟糕的情况的发生，所以一直没能买回。

同样当股票市场达到前期高点时，投资者手中的成长股通常也上涨到了自己的历史高点。因此在市场评论人士的各种指标的比较过程中，无论是 P/E、P/B 和 PEG 等指标都显著超越了行业平均水平，于是各种卖出的理由被提出，于是一些经验缺乏的投资者往往将手中出色的股票选择了卖出，从而错过了更长的一波上涨过程。在这一过程中，如果投资者需要缴纳资本利得税，则这种制约就成为许多投资者的良师益友，至少它可以抑制住我们内心轻易放纵自己去卖出的念头。

从耗散经济学的角度来看，如果一个企业经过长期的市场竞争而生存下来，其内在结构中是存在着一些类似基因的组织成分，正是由于这种可以不断改进并提升自己的组织成分，将这些优秀企业的管理文化、创新意识等不断相互传递。因此，这些耗散结构才能在迅速变化的外部环境中，不断改进自身利用外部“能量”和“秩序”的效率，并从中创造“负熵”，实现自身有效的扩张和提升。这种耗散结构的形成是很难得的，而当它经历较长的演化竞争并形成自我新陈代谢的机制后，就是一个可以长期信赖的高成长型的投资标的；因此如果我们的判断是正确的，则卖出手中投资标的的时机在我们有生之年不会到来。

原则八：寻找那些在我们能力圈范围内有较高的确定性的投资标的。从耗散经济学的观点来看，如果经济体系中所有“标准劳动者”的合理需求与其劳动报酬实现真正匹配，则宏观经体系内的“负熵”产生效率将是空前高涨的，而这意味着创新和技术的广泛运用，经济体系中的“资源地租享有者”和“资金经营者”的寻租空间将大幅压缩，这通常意味着旧有财富积累的耗散过程。

因此，从耗散经济学的角度来看，从有利于整体经济发展的角度来看，我们对科技提升、创新的态度是非常积极的，因为它们将提升整个社会的生活水平；但是从提高投资收益、积累个人财富的角度来看，我们建议投资者更应该寻找那些从现在开始未来 10—20 年的时间内将确定拥有巨大竞争实力的投资标的。

每个人都有自己能够把握的圈子，在这个“能力圈”内我们可以理解所投资标的耗散结构的运行机制，了解其在内外部条件变化下的相变发生的临界点区间，而一旦超出了我们所熟悉的“能力圈”，就如同盲人摸象，投资者将无法根据变化的环境来预测这些投资标的可能发生的演变或可能到来的“临界点”。科技股、网络股等过度依赖复杂和快速更新技术的领域就是这样的一些投资标的，尽管在短期内这些股票为人们带来的是惊人的销售额增长，但是这些新生的耗散结构能够在未来的环境中顺利存活是充满着挑战的，而最大的挑战就是技术的可复制性、可模仿性和可替代性，而研发成本通常是如此高昂，也许技术开发领导者是这样的投资标的最佳投资者。

从排除法的角度来看，如果投资者能够计算出自己可能会陷身于其中的区域，则最佳的投资方法就是规避这些可能会给我们带来厄运的陷阱，这是对上述“能力圈”的另外一种看法。从这个角度来看，那些经过复杂设计的衍生品，从本质上来看，其设计的本意就已远超普通投资者的理解能力范围的，因此这样的投资品种是理性投资者应当规避的。

即使我们认为已经将投资目光投放到了自己的能力圈之内，但是那些曾经拥有较长时间辉煌发展过程的大型成长企业，那些拥有着“大马不死”特征的竞争适应者，通常也会展现出其内在的不确定性，或者是管理层的诚信、能力问题，或者是无法适应新的行业竞争氛围，或者是在错误的领域作出了错误扩张决策，此外，从投资者的角度来看，发现这些高成长型企业的时刻通常是在股市热情高涨的时刻，因此，成长型股票投资者往往为一个优秀公司所过度付出的，常常需要花相当长的时间来弥补。

原则九：正确理解“价值型”投资。传统的价值型投资是指那些 P/E、P/B 低于行业平均水平的投资标的，但是经验告诉我们与这些低 P/E、低 P/B

相对应的高估值指标也并不意味没有投资价值。因此“价值型”投资更接近投资那些进入非常适合的价格区间的缺乏成长型的平庸投资标的。在股市波动下行区间，或者经济不景气的时期，许多过去价格较高的价值型投资标的的价格跌入深谷，这本身反映了投资者对这些投资标的缺乏提升和扩张能力的悲观看法，但是颇具吸引力的交易价格与公司的合理估值之间的差异往往吸引了许多投资者的资金购买行为。

主导这些购买行为的是人们头脑中的一种惯性的思维，这就是人们总是假设明天将重复昨天的故事，经济体系的运行是可逆的，而这也正是许多经济分析存在的前提假设或理论基础。但是，从耗散经济学的角度来看，宏观经济体系中任何耗散结构如果不能合理有效利用外部环境为其所提供的“能量”和“秩序”，则其内在的结构将更加趋向于宏观平衡态的演化过程，因此，如果一个耗散子体系如果不能利用“熵流”产生自身的非自发过程，进而实现自我结构的维持和提升的话，则这个耗散结构将趋向于灭亡。因此，我们在经济下行期间所看到众多的便宜的价值型投资标的其实反映的是人们错误的思考哲学对过去的可投资标的的一种错觉或误判，这种思考惯性有利于一个社会秩序的稳定，但是对于财富积累的过程是有百弊而无一利的。

但是，市场中缺乏可以投资的高成长股票时，投资者通过投资那些交易价格与内在价值出现显著背离的股票是可以获得短线投资收益的，特别是当人们的情感集体倾向于悲观时，这种背离可能出现显著过度的情形。购买这些廉价的投资标的后，投资者还是可以获得足够投资回报的。

后　　记

过去40年中，在全球，特别是在美国，一个显著的宏观现象就是经济波动性曾经出现长时期、较大幅度的收缩或缓和。这包括两个方面：一个是实际经济产出的波动性在缩减，另一个就是通货膨胀的波动性在下降（见下图）。

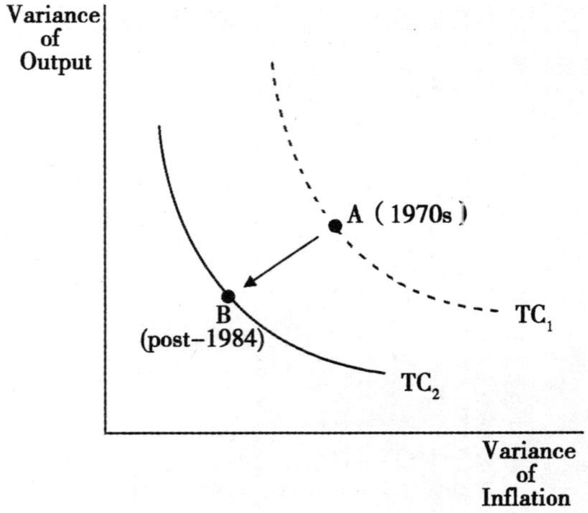

不同时期美国经济产出与通货膨胀波动性

对这一经济现象的成因分析莫衷一是，有观点认为它是由经济结构的自然演化导致的，有观点认为它是由改进的宏观政策引发的，有观点提出是由恰当的货币政策促成的，还有观点认为这种波动性显著缓和的原因，可能更多地来自于“好运”。

我们应如何理解这一关键性的问题?

本书以丰富的经济史料、深度的建模分析、严谨的归纳演绎，为各位读者提供了一个全新的视角，这是耗散经济学原理所形成的分析路径。